Hobbit Presse
Klett-Cotta

KEVIN HEARNE

OBERONS BLUTIGE FÄLLE

Aus dem Amerikanischen
von Friedrich Mader

KLETT-COTTA

MIX
Papier aus verantwortungsvollen Quellen
FSC® C083411
www.fsc.org

Hobbit Presse
www.klett-cotta.de/hobbitpresse
Die Originalausgaben erschienen unter den Titeln
»The Purloined Poodle« und
»Oberon's Meaty Mysteries: The Squirrel on the Train«
im Verlag Subterranean Press, 2016, 2017

Printed in Germany
Cover: Birgit Gitschier, Augsburg
unter Verwendung einer Ilustration von © Galen Dara, 2017
Gesetzt von Dörlemann Satz, Lemförde
Gedruckt und gebunden von CPI – Clausen & Bosse, Leck
ISBN 978-3-608-96295-6

Inhalt

DER ENTFÜHRTE PUDEL

1

Der Boxer

Menschen nehmen die natürliche Freundlichkeit von Möpsen gar nicht wahr. Sie sehen nur das Knautschgesicht, die panisch hervorquellenden Augen und die Tendenz zum Ausflippen, wenn man ihnen die Zehennägel schneidet, aber sie begreifen nicht, warum Möpse so gut mit anderen Hunden auskommen. Tja, es ist einfach die Art, wie sich der Schwanz nach oben und weg vom Körper kringelt – man fühlt sich förmlich zum Beschnuppern eingeladen, wenn man sie kennenlernt. Der erste Eindruck ist eben entscheidend. Und es gibt nichts Entgegenkommenderes als einen einfachen Zugang von der Rückseite.

In Acht sollte man sich dagegen vor Hunden nehmen, die nicht wollen, dass man ihr Hinterteil beschnuppert. Das bedeutet nämlich, dass sie etwas zu verbergen haben. Das sage ich, weil man durch einen ordentlichen Hauch vom Allerwertesten schlicht *alles* erfährt, was man über einen Hund wissen muss. Das habe ich Atticus schon fünf Billionen oder Millionen oder Hundert Mal erklärt. Keine Ahnung, welche Zahl richtig ist, jedenfalls ist es ein Haufen. Doch selbst wenn er diese Druidensache macht und sich in einen Hund verwandelt, weigert er sich hartnäckig, die reichhaltigen Informationen am Hinterausgang eines Artgenossen einzuatmen, und das finde ich ziemlich daneben. Schließlich hat er in dieser

Gestalt die gleichen Filter in der Nase wie ich, die verhindern, dass einem von dem Gestank schlecht wird. Dank dieser Filter erkennen wir vielmehr das Besondere an Gerüchen, egal ob es ein Hydrant ist, ein Baum oder das lockig verlockende Gesäß einer französischen Pudeldame. Wahrscheinlich wird er seine menschlichen Vorurteile in dieser Frage nie völlig ablegen.

Aber ich darf nicht zu hart mit ihm ins Gericht gehen. Er gibt mir Wurst und Leckerlis, und er krault mir den Bauch. Außerdem habe auch ich meine Vorurteile. Wenn ich da bloß an Katzen denke. Oder an Chihuahuas, die meiner Meinung nach der klare Beweis für die Existenz von Aliens auf der Erde sind. Und dann erst ein Hund, der mir gegenübertritt und nicht zulässt, dass ich seine Kehrseite begutachte! Das ist zwielichtiger als ein Mitternachtsspaziergang auf dem Friedhof.

Genau auf so einen zwielichtigen Zeitgenossen stieß ich im Alton Baker Dog Park in Eugene, Oregon. Wir wohnen inzwischen im Willamette National Forest in der Nähe des McKenzie River, und Atticus nimmt mich hin und wieder mit in die Stadt, damit ich außer Orlaith noch anderen Hunden begegne und damit er sich Sachen wie schlechten Kaffee und noch schlechtere Donuts gönnen kann – er nennt sie Zuckerbomben. Außerdem kauft er sich dann immer eine Zeitung voller Anzeigen für Luxusautomobile, obwohl ihn angeblich nur die Artikel interessieren.

Immer wenn ich einen Park betrete, staunen die anwesenden Vierbeiner Bauklötze, weil sie noch nie so einen großen Hund wie mich gesehen haben. Entweder sie sind begeistert, oder sie kriegen Angst. Oder sie kläffen wie verrückt – zum Beispiel die kleinen Rassen, die meinen, dass so was wie ich gar nicht erlaubt sein sollte. Den Yorkshire-Terriern hingegen ist sowieso alles egal. Die bellen mich immer an.

Mit Boxern kann man super spielen, deswegen war ich ganz aufgeregt, als ich im Park einen erspähte. In der Regel komme ich bestens mit ihnen aus. Ich ließ sogar einen Mops stehen, der zu Vorstellungszwecken praktisch rückwärts auf mich zusteuerte, weil ich den Boxer unbedingt kennenlernen wollte. Aber der Bursche – der nicht kastriert war, wie ich bereits aus der Ferne erkannte – knurrte mich bloß giftig an, als ich näher kam. Ich wedelte mit dem Schwanz und ließ die Zunge heraushängen, um meine freundlichen Absichten zu demonstrieren. Trotzdem zeigte er weiter die Zähne und bellte sogar zweimal, als ich nicht zurückwich.

Auf einmal merkte ich, dass der Boxer ohnehin mit niemandem spielte. Er stand allein neben einer Fichte. Dafür musste es einen Grund geben. Ich schaute mich nach seinem Menschen um, konnte aber niemanden entdecken, der besonderes Interesse an den Tag legte. Atticus saß auf einer Bank und las seine Zeitung mit den Katastrophenmeldungen. Im näheren Umkreis waren noch andere vereinzelte Leute, die nicht aufeinander achteten. Ein Paar war in ein aufgeregtes Gespräch vertieft. Der Mann redete, und die Frau hörte ihm betroffen zu. Alle anderen hielten mit verschränkten Armen Ausschau nach ihren Hunden, damit sie sich nicht mit anderen in die Wolle kriegten. Nur ich und der Boxer waren unbeaufsichtigt.

Ich wollte mich nicht mit ihm in die Wolle kriegen, sondern spielen. Also ging ich mit der vorderen Hälfte nach unten und hielt wedelnd den Schwanz in die Höhe, ein klares Signal, dass ich nichts Böses im Schilde führte und bloß ein wenig herumjagen wollte. So aufmunternd wie nur möglich wuffte ich ihn an. Aber dieser Boxer war wie dieser Katzenfürst Tybalt, von dem mir Atticus erzählt hatte: jemand, der nach einem Vorwand für ein Duell suchte. Er knurrte mit gesträubtem Nackenfell und fletschte die Zähne noch stärker. Da stimmte was nicht. Es war doch so ein herrlicher Tag.

›Äh, Atticus?‹, rief ich meinen Druiden über unsere mentale Verbindung an.

Seine Stimme antwortete in meinem Kopf. *Was ist denn, Oberon? Ich würde gern lesen.*

›Ach so. Ich wollte dich natürlich nicht von deinem wichtigen Herumfläzen abhalten, sondern dir bloß mitteilen, dass ich vielleicht gleich in eine Rauferei gerate.‹

Bitte nicht. Geh einfach weg.

›Na jaaa … Könnte sein, dass es dafür schon zu spät ist.‹

Und genauso war es. Der Boxer senkte den Kopf und griff an. Rannte ich jetzt weg, bestand die Gefahr, dass er sich auf meine Beine stürzte. An die Kehle konnte er mir nicht gehen, weil ich die Nase ja schon ganz unten hatte. Dafür konnte ich ihm an seine gehen, zumal ich dreißig Kilo schwerer war als er. Angst hatte ich keine vor ihm. Kein bisschen. Ich meine, es steht nun mal zweifelsfrei fest, dass ich ein kampferprobter Hund bin, der von seinem treuen Druiden einen Haufen Tricks gelernt hat.

Ich stürzte ihm also entgegen und rammte ihm den Schädel voll auf die Nase. Er konnte sich in nichts verbeißen und sank benommen von der Wucht des Aufpralls zurück. Dadurch war er ungeschützt meinem Hieb über die Schnauze ausgesetzt. Das weckte ihn auf und erinnerte ihn daran, seiner Bezeichnung Boxer Ehre zu machen. Und er *machte* ihr Ehre. Er kratzte mich zweimal mit den Krallen und biss mir in die Schulter, weil er nicht an meine Kehle kam. Ich meinerseits wusste mich zu wehren. Schon bald hatte ich seine Angriffsweise durchschaut und griff auf einen Kniff aus der hohen Schule der Kampfkunst zurück, in der mich Atticus unterwiesen hatte. Für Hunde gelten die gleichen Prinzipien wie für Menschen: Man muss die Kräfte des Gegners ablenken, um sich selbst zu schützen und ihn zu besiegen. Als er mit dem rechten Vorderbein zu einem Schwinger ausholte, sprang ich vor, blockierte seinen Schlag mit meiner linken Pfote und riss ihn mit dem ganzen Körper um, bis seine Kehle genau unter meinem Maul lag. Er wollte sich zappelnd befreien, und ich drückte ein wenig zu, damit ihm der Ernst seiner Lage bewusst wurde.

Im nächsten Moment drang Atticus in seinen Kopf vor, und kurz darauf wurde er ruhig. Ich ließ ihn los und wich zurück. Endlich kamen nun auch Atticus und das Paar angerannt. Andere Menschen riefen nach ihren Winzkläffern und verzogen sich, aus Angst, diese könnten zwischen die Fronten geraten.

Der Boxer hatte den einen oder anderen Kratzer und vielleicht auch ein paar Zahnabdrücke abbekommen. Bei mir war es genauso. Nichts Schlimmes also. Aber bei besorgten Menschen braucht es immer eine Weile, bis diese Einsicht zu ihnen durchdringt. Ohne ausgewachsene Panik geht es offenbar nicht.

Die Frau war eine Blondine von der chemischen Sorte. Atticus hat mir verraten, wie man das leicht erkennt: Man muss schauen, ob die Augenbrauen die gleiche Farbe haben wie das Haar. Bei ihr bestand nicht die geringste Ähnlichkeit. Hatte sie womöglich eine Perücke auf? Sie war sonnengebräunt oder hatte vielleicht einfach dunklere Haut – für mich war das schwer zu unterscheiden, weil Hunde Farben anders wahrnehmen als Menschen. Wir sehen Gelb und Blau und ansonsten eher Schattierungen von Grau, vor allem zwischen Rot und Grün. Zum Beispiel war mir anfangs völlig schleierhaft gewesen, warum Atticus immer behauptete, dass ein roter Ball eine andere Farbe hatte als das grüne Gras, auf dem er lag – für meine Augen hatte beides einen fast gleichen dunkelgrauen Ton.

Die Frau trug Laufschuhe, die viel zu sauber wirkten, und enge dunkle Leggins mit Leuchtstreifen an den Waden. Keine Ahnung, was diese Linien signalisierten, die ich in letzter Zeit schon öfter bemerkt hatte. Ich wusste, dass gelbe Streifen an den Schultern bei Menschen manchmal auf einen militärischen Rang schließen ließen. Vielleicht bedeuteten Striche am Bein, dass sie im Vergleich zu anderen Leuten superschnell war. Auf jeden Fall war sie schneller als der Typ, mit dem sie sich unterhalten hatte. Sie roch auf künstlich seifige Weise nach Zitrone und toten Blumen, mit einem Hauch von diesen Gemüseleckerlis, die Atticus als Futter für Hipsterwauwaus bezeichnet. Wuäh!

Der abgehängte Typ kam ziemlich ins Schnaufen und rief etwas, das klang wie *Aldi* und *Schluss*. Das fand ich ziemlich sinnlos, weil wir ja schon längst aufgehört hatten. War das wirklich der Name des Boxers? Wer nannte seinen Hund denn nach einem Supermarkt?

Der Mann war dunkelhaarig und eher bleich, die Wangen ganz fleckig vor Aufregung, Wut oder irgendeiner Menschenkrankheit, keine Ahnung. Trotzdem war er mir sofort sympathisch, weil er ein T-Shirt mit der Aufschrift OPA UND DIE CANTERBURY trug, ein Verweis auf die Sciencefiction-Fernsehserie *The Expanse*. Außerdem roch er nach echter Wurst und einem anhaltenden, aber aussichtslosen Kampf gegen Fußschweiß. Er und die Frau fixierten mich mit grimmiger Miene – anscheinend hielten sie mich für einen bösen Hund – und drängten sich ängstlich um den Boxer.

Inzwischen war auch Atticus eingetroffen und schaute nach mir. *Ah, alles halb so wild.*

›Ja, stimmt.‹

Was ist denn passiert?

›Ich wollte nur ein bisschen mit ihm herumjagen, ehrlich, Atticus! Bloß er war gleich auf hundertachtzig und ist auf mich losgegangen. Dieser Kläffer ist total verstört. Ich möchte jetzt nicht behaupten, dass er Tollwut hat oder so was. Aber er ist kurz vorm Ausrasten wie Jack Nicholson in jedem Film, wo er mitspielt.‹ Atticus schien nicht überzeugt, also legte ich nach. ›Mach doch deinen Druidenspuk und schau nach, wenn du mir nicht glaubst! Klar, du hast ihn beruhigt, doch das heißt noch lange nicht, dass damit sein Problem beseitigt ist, oder?‹

Während er mich tätschelte, richtete Atticus den Blick auf den Boxer. Nach ein paar Stunden oder Minuten oder so stellte er fest: *Du hast recht. Er ist ganz aufgewühlt.*

Dann wandte er sich an das Paar. »Den beiden fehlt nichts. Ein kleines Pflegebad, und alles ist wieder in Ordnung.«

»Sicher«, antwortete der Mann. »Hast du mitgekriegt, was der Auslöser war?«

»Mein Hund wollte spielen, und deiner hatte wahrscheinlich keine Lust darauf.«

»Ah! Das überrascht mich nicht. Algy ist in letzter Zeit ein bisschen launisch.«

›Atticus, heißt der Boxer wirklich Aldi?‹

Nur so ähnlich. Das ist die Kurzform des britischen Namens Algernon.

»Das tut mir leid«, sagte Atticus. »Hast du eine Ahnung, was ihn bedrückt?«

»Na ja, gerade hab ich ihr erzählt … oh, Entschuldigung. Das ist Tracie Chasseur, und ich bin Earnest Goggins-Smythe.«

»Sehr erfreut. Ich bin Connor Molloy.« Das war der Name, den Atticus seit einiger Zeit benutzte. Er verbraucht Namen wie ich Kauspielzeug. »Chasseur? Klingt schweizerisch.«

»Französisch-hugenottisch, aus dem achtzehnten Jahrhundert«, erwiderte die Frau mit einem Hauch von Gekränktheit. Anscheinend hatte sie was dagegen, wenn man sie für eine Schweizerin hielt. Oder sie hatte einfach was gegen Atticus. Das passierte manchmal. Ich habe mit eigenen Augen beobachtet, dass Leute ihn töten wollten, ohne auch nur Hallo zu sagen. Und das ist für menschliche Verhältnisse ziemlich unhöflich, wenn nicht sogar rüpelhaft, da bin ich mir ziemlich sicher. Auf bestimmte Leute hat er einfach diese Wirkung.

»Also«, fuhr Earnest fort, »was ich ihr gerade erzählt habe, Algy hat in der Nacht, als Jack entführt wurde, einen Betäubungspfeil abbekommen.«

»Moment mal – wer wurde entführt?«

»Mein Rassepudel Jack, ein Grand Champion. Und er ist nicht der erste Grand Champion aus der Gegend, der entführt wurde.«

Tracie schüttelte den Kopf und verschränkte die Arme. »Ich kann einfach nicht glauben, dass jemand so was macht. Wenn die das bei meinen Englischen Settern probieren, dann können sie was erleben.«

Ich drehte den Kopf und hielt Ausschau nach ihren Hunden. Bei meiner Ankunft waren mir keine Englischen Setter aufgefallen. Ah, doch, da waren sie. Flaumig weißes Fell mit blauen Sprenkeln. Unter den Augen eines nervösen menschlichen Beobachters spielten sie in einer entfernten Ecke des Parks mit einem schwarzen Labrador.

»Wenn dein Wolfshund auch ein Grand Champion ist, dann wäre ich vorsichtig.«

»Nein, er ist kein Champion.«

›Hey, ich kann alle schlagen!‹

Ich weiß, Oberon. Das erklär ich dir später.

»Trotzdem, er ist wirklich ein Prachtkerl«, sagte Tracie.

Auf einmal fand ich den Zitronenduft gar nicht mehr so schlimm. Allerdings bewirkte so eine Schmeichelei noch lange nicht, dass ich ihr die Gemüseleckerlis verzieh. Das grenzte ja an seelische Grausamkeit. Noch schlimmer war natürlich, wenn man von seinem Pudel getrennt wurde. Ich wollte mehr über Earnests Tragödie erfahren.

›Atticus, kannst du ihn nach Einzelheiten zu seinem vermissten Pudel fragen?‹

Er tat mir den Gefallen. »Was genau ist denn mit deinem Pudel passiert, Earnest? Du sagst, er heißt Jack?«

»Ja. Sein voller Name ist Jack Frederick Oscar Worthing Chasuble Wilde.«

»Ah, verstehe!« Atticus lachte mit schelmischer Miene, wie immer, wenn er sich von seiner charmanten Seite zeigen wollte. »Du bist ein Fan von Oscar Wilde.«

»Viele Typen mit dem Namen Earnest mögen ihn nicht. Ich schon.«

»Und dein Boxer heißt …?«

»Algernon Oscar Bunbury Moncrieff Wilde.«

Kein Wunder, dass er das zu Algy abgekürzt hatte. ›Was soll denn das Ganze, Atticus?‹

Die Namen stammen alle von Figuren aus Oscar Wildes Theaterstück Ernst sein ist alles. *Für eine Registrierung beim AKC braucht man einen richtig langen Namen.*

›Keine Ahnung, was AKC ist, aber heißt das, dass ich auch

so einen Haufen Namen haben kann? Nicht bloß Sir Oberon Leckerliwert?‹

Tu dir keinen Zwang an.

›Sir Oberon Leckerliwert del Asado en Salsa von Bacon y O'Bœuf!‹

Was meinst du mit O'Bœuf?

›Na, *Rind* eben, bloß vornehmer. Das ist wie bei dem Namen von Tracie. Französisch-hugenottisch aus dem achtzehnten Jahrhundert.‹

Du bist doch irisch.

›Deshalb heißt es auch *O'Bœuf*, nicht bloß *Bœuf*. Irischer Adel, Atticus!‹

Oberon, weißt du überhaupt, was ein französischer Hugenotte ist?

Ausgehend vom Klang des Wortes, wagte ich eine Vermutung: ›Ein Astronaut von einem Stern namens Hugo?‹

Ein mentales Schnauben signalisierte mir, dass ich falsch geraten hatte. Dann musste ich wieder auf das Gespräch mit Earnest und Tracie achten. Im Gegensatz zu mir hat Atticus die Fähigkeit, sich in verschiedenen Kopfräumen zu bewegen. Ehrlich gesagt, habe ich keine Ahnung, wie das funktioniert. Jedenfalls kann er sich mental mit mir unterhalten und gleichzeitig mit jemand anders ein Gespräch führen.

»Ist Algy auch ein Grand Champion?«, fragte er gerade.

»Nein, er ist einfach bloß ein Liebling.« Earnest betrachtete seinen Hund mit einem innigen Lächeln. »Traumatisiert, aber im Moment anscheinend ganz zufrieden.«

Der Boxer wirkte tatsächlich entspannt, wie er so mit hängender Zunge dasaß. Jede Aggression war aus seinen Muskeln gewichen. Ein Druide im Kopf kann sehr beruhigend wirken.

»Die Täter waren also auf Algy vorbereitet. Sie hatten es auf deinen Pudel abgesehen. Bloß weil er ein Pudel ist oder weil er ein Grand Champion ist?«

»Ich glaube, es geht um den Titel Grand Champion, weil wir in jüngster Zeit eine Welle von Entführungen hatten.«

»Das hast du vorhin schon erwähnt – das passiert also öfter?«

»Überall in den Staaten Oregon und Washington.« Stirnrunzelnd musterte Tracie Earnest. »Angefangen hat es mit Julia Garcias Italienischem Windspiel oben in Tacoma, oder?«

»Nein, das war das zweite Opfer«, korrigierte Earnest. »Das erste war Ted Lumberghs Bretonischer Spaniel drüben in Bend.«

»Stimmt, den hatte ich ganz vergessen.«

»Und danach kamen die Französische Bulldogge in Bellingham und der Airedale Terrier in Hillsboro. Dann war Jack dran.«

»Unglaublich«, sagte Atticus. »Weiß die Polizei Bescheid?«

Earnest zuckte die Achseln. »Wir haben sie natürlich verständigt, aber das Interesse hält sich in Grenzen. Die Beamten glauben nicht mal, dass es derselbe Täter ist. Sie meinen, dass sie einfach ausgerissen sind, weil das bei Hunden schon mal vorkommen kann. Bloß dass wir hier nicht von Straßenkötern reden. Das sind Grand Champions, die besttrainierten und verwöhntesten Hunde der Welt. Und dass Algy mit einem Betäubungspfeil ruhiggestellt wurde, ist ein ziemlich deutlicher Hinweis auf ein planvolles Vorgehen. Wahrscheinlich haben sie es immer so gemacht: den Hund betäubt, damit er nicht bellt und den Besitzer aufweckt. Alles schön heimlich im Schutz der Dunkelheit.«

»Wahnsinn. Und wozu das Ganze?«

»Zum Züchten, das ist wenigstens der einzige Grund, der

mir einfällt. Jemand, der Konkurrenten für die Wettbewerbe ausschalten möchte, kann es nicht sein, weil es sonst immer die gleiche Rasse wäre. Da will sich einfach jemand bereichern.«

»Entschuldige, das habe ich nicht ganz verstanden. Wie kann man sich damit bereichern?«

»Grand Champions erzielen Höchstpreise bei der Decktaxe. Wenn man mehrere hat, kann man davon wahrscheinlich ganz ordentlich leben.«

›Was ist eine Decktaxe, Atticus?‹

Wenn jemand eine Hündin hat und will, dass sie die bestmöglichen Welpen kriegt, bezahlt er den Besitzer eines hervorragenden Rüden, damit dieser sie schwängert. Das nennt man dann Decktaxe.

›Boah. Warte mal. Soll das heißen, dass ich, als der allerhervorragendste Rüde der Weltgeschichte, mich fürs Bespringen von Hündinnen bezahlen lassen könnte?‹

Nein, das Geld würde ich kassieren. Aber das spielt keine Rolle, weil wir so was nicht machen.

›Nein?‹

Auf keinen Fall. Das ist eine Frage der Ethik.

›Ach so. Da geht es um Ethik? Du meinst, die Ethik des Bespringens ist ein riesiges Forschungsfeld?‹

Ja. Außerdem musst du Rücksicht auf Orlaith nehmen.

›Stimmt!‹ Sobald ich es ausgesprochen hatte, wurde mir klar, dass das nur einigermaßen stimmte. Hunde sind nicht monogam wie die meisten Menschen. Wir heiraten nicht und führen auch keine festen Beziehungen. Deswegen kommen mir viele menschliche Dramen auch ziemlich albern vor. Orlaith ist allerdings die einzige Hündin, mit der ich reden kann. Das macht sie zu etwas Besonderem, und ich fände es unfein, hier mal eine Hirschhündin und dort mal eine Dänische

Dogge zu bespringen, während sie mit unseren Welpen trächtig ist. ›Das wäre mir sowieso in einem Jahrzehnt oder einem Jahrhundert oder einer Sekunde gleich wieder eingefallen! Ich war bloß erschüttert, dass es so was tatsächlich gibt.‹

»Wie habt ihr von all diesen Entführungen gehört?«, wollte Atticus wissen.

»Wir haben ein Onlineforum«, antwortete Tracie. »Da sind alle Besitzer und Trainer angemeldet, die zu Hundeausstellungen in der Gegend fahren.«

»Verstehe. Vielleicht werden so ja auch die Opfer ausgesucht?«

Tracie und Earnest schauten sich mit großen Augen an. Bei Menschen bedeutet das, dass sie entweder überrascht sind oder etwas in die Hose gegangen ist.

»Möglich«, räumte Earnest ein.

»Und wie kann jemand erfahren, wer einen Grand Champion hat?«

Earnest schloss die Augen – nein, er drückte sie wirklich fest zu und machte ein knurriges Gesicht mit aufblitzenden Zähnen. Von Atticus weiß ich, dass man das *Zusammenzucken* nennt. Auch das hätte natürlich bedeuten können, dass bei ihm was in die Hose gegangen war. Wahrscheinlicher war allerdings, dass er in seinem Kopf gerade so eine Rede von wegen *o Gott, was bin ich für ein Idiot* hielt. »Unsere Namen sind mit Sternchen gekennzeichnet. Und in den Biografien taucht es auf jeden Fall auf. Eine Egosache. Schließlich sind wir stolz auf unsere Champions.«

»Mist«, entfuhr es Tracie. »Auf diese Weise finden sie uns. Ich muss sofort meinen Stern löschen und die Bio umschreiben.«

»Wenn das stimmt … Weißt du, was das heißt, Tracie?«

Earnest machte eine Pause. »Dass der Täter einer von uns ist. Ein Trainer, meine ich. Jedenfalls ein Hundekenner.«

»Scheiße, Scheiße, Scheiße«, zischte sie. »Ich muss sofort mein Profil ändern. Entschuldigung.« Sie warf Atticus einen kurzen Blick zu. »Schön, dich kennengelernt zu haben, Connor. Vielleicht treffen wir uns mal wieder hier im Park.« Dann lief sie zu ihren Hunden. »Lizzie! Mr Darcy!«

Atticus gab ein amüsiertes Glucksen von sich.

›Was ist daran so komisch?‹

Die Namen stammen aus Stolz und Vorurteil *von Jane Austen.*

›Ah, du meinst den Film mit dem irischen Wolfshund, der bei den Bennets wohnt?‹

Ja, das ist die Kinofassung mit Keira Knightley. Davor war es ein Roman. Mir gefallen diese Leute, die ihre Hunde nach literarischen Figuren benennen.

›Bei mir ist es auch so, nicht wahr? Du hast mich nach diesem Typen aus einem Stück von Shakespeare benannt.‹

Stimmt. Atticus wandte sich wieder dem Mann und seinem Boxer zu. »Wie viele Leute sind wohl in diesem Forum? Was schätzt du, Earnest?«

»Zweihundert vielleicht? Da müsste ich nachschauen. Ich meine, ich schaue auf jeden Fall nach. Das ist ein handfester Hinweis für die Polizei. Danke!«

»Keine Ursache. Wenn ich fragen darf – wie viele von diesen zweihundert sind Besitzer eines Grand Champions?«

»Bestimmt nicht mehr als fünfzig.«

»Das ist eine ziemlich große Gruppe möglicher Opfer. Da könnten noch einige Entführungen dazukommen.«

»Meine Güte, wahrscheinlich hast du recht.«

Atticus überlegte. »Hör zu, ich habe einen Bekannten bei der Polizei hier in Eugene, einen Detective.«

Ha, das war eine glatte Lüge! Atticus vertrug sich nicht besonders gut mit der Polizei.

Earnest konnte das natürlich nicht wissen. »Wirklich? Nicht zufällig Detective Callaghan?«

»Doch!«, rief Atticus begeistert. »Woher …?«

»Er arbeitet an Jacks Fall. Wenn man das als *arbeiten* bezeichnen möchte. Sehr groß ist sein Interesse jedenfalls nicht.«

»Vielleicht kann ich da was ausrichten. Könntest du mir die Adresse des Onlineforums sagen und mir die Namen der anderen Opfer nennen? Bisher habt ihr nur Julia Garcia und Ted Lumbergh erwähnt.«

Die Webadresse war für mich bloß Kauderwelsch. Immerhin verstand ich, dass der Mensch der Französischen Dogge in Bellingham Delilah Pierce und der des Airedale Terriers in Hillsboro Gordon Petrie hießen.

Atticus bedankte sich. »Also angenommen, ich bin ein Gauner, der gerade einen Grand Champion gestohlen hat. Oder fünf. Wie kann ich damit Geld verdienen? Gebe ich im Netz oder in Zeitungen Anzeigen auf?«

»Ach, nach solchen Anzeigen hier im Umkreis habe ich mich schon umgeschaut, das kannst du mir glauben«, erwiderte Earnest. »Bis jetzt habe ich nichts gefunden.«

»Nur im Umkreis? Oder landesweit?«

»Na ja, wie soll ich denn erkennen, welche sich auf meinen Jack bezieht? Die Zahl der Pudelrüden ist groß. Wenn ich das überprüfen will, muss ich überall persönlich vorsprechen, und das ist nicht machbar.«

»Klar. Wir können also davon ausgehen, dass der Täter die Hunde in eine andere Gegend bringt und sie dort vermarktet.«

Earnest wirkte ernüchtert. »Wahrscheinlich. Jack könnte überall sein.«

»Immerhin haben wir als Anhaltspunkt die fünf verschiedenen Hunderassen. Da können wir mit der Suche ansetzen. Vielleicht lässt sich die Sache dann noch stärker eingrenzen, weil man inzwischen ja fast alles im Netz findet. Außerdem liefert uns euer Onlineforum einen Kreis potenzieller Verdächtiger.«

»Da ist was dran.«

»Lass den Kopf nicht hängen. Ich rede mit dem Detective, dann sehen wir weiter.«

»Toll. Vielen Dank, Connor.«

»Keine Ursache.«

Sie tauschten Telefonnummern aus und schüttelten sich die Hand, dann verabschiedete sich Atticus. Hoffentlich war Algernon besser drauf, wenn wir uns mal wiedersahen. Jedenfalls verstand ich seine Aufregung jetzt. Ich wäre bestimmt auch sehr verstört, falls jemand Orlaith verschleppt hätte. In letzter Zeit war sie sowieso ständig mit Granuaile in Polen und sonstwo unterwegs – schwanger mit unseren Welpen – und verbrachte immer nur ein paar Tage bei uns, bevor sie wieder aufbrach. Sie fehlte mir entsetzlich, wenn sie fort war. Es machte einfach Spaß, mit einer Artgenossin reden und spielen zu können. Mit den Besuchen im Hundepark wollte mich Atticus ablenken und mir die Möglichkeit zum Spielen mit anderen Hunden geben, aber das war immer bloß eine Woche oder so am Tag.

»Komm, Oberon.« Er steuerte auf den Baum zu, mit dem wir hergewechselt waren.

›Hey, du willst doch nicht vor ihren Augen einfach verschwinden, oder?‹ Ich trottete ihm nach.

Natürlich nicht. Wir passen auf, dass uns niemand beobachtet.

›Werden wir nach Jack suchen? Das sollten wir nämlich,

finde ich. Algy ist ziemlich traurig ohne seinen Freund, und Earnest bestimmt auch.‹

Darüber wollte ich sowieso mit dir reden. Im Grunde geht es uns ja nichts an.

›Unsinn! Ungerechtigkeit geht uns immer an, egal, wo sie ihr Haupt erhebt!‹

Da hätten wir viel zu tun, Oberon.

›Komm mir nicht mit vagen Mathebegriffen wie *viel!* Hier handelt es sich um eine konkrete Ungerechtigkeit, von der wir wissen. Ein Grand Champion wurde geraubt – ein Pudel, der weitere Pudel zeugen kann –, und niemand interessiert sich dafür außer sein Mensch! Wenn die Polizei nicht handelt, ist es unsere Aufgabe, die Initiative zu ergreifen!‹

Eigentlich ist das nicht unsere Aufgabe.

›Was sollen wir denn sonst mit unserer Zeit anfangen, solange Orlaith und das schlaue Mädchen in Polen sind? Wir dürfen uns nicht drücken, Atticus! Wir müssen uns verhalten, als hätten wir gerade eine Mahnung zur Selbsthilfe gelesen: Wir selbst müssen die Veränderung sein, die wir von der Welt erwarten!‹

Der Spruch stammt nicht von einem Selbsthilfeguru, sondern von Mahatma Gandhi.

›Von mir aus! Du verhedderst dich in Details, statt dich auf das große Ganze zu konzentrieren. Entscheidend ist allein, dass wir helfen müssen, weil wir es können!‹

Also gut, ich bin einverstanden. Vergiss aber bitte nicht, dass das ziemlich arbeitsintensiv werden kann. Möglicherweise langweilst du dich.

›Keine Chance! Ich wollte schon immer Detektiv sein!‹

Stimmt, das hast du schon öfter erwähnt. Allerdings immer als Reaktion auf eine Fernsehsendung, und so läuft das nicht im wirklichen

Leben. Da ist die Sache nicht nach eineinhalb Stunden geklärt. Der Laborbefund liegt nicht schon nach wenigen Minuten auf dem Tisch – ganz abgesehen davon, dass uns sowieso kein Labor zur Verfügung steht. Wir haben keinen Zugang zu Polizeiakten und -ausrüstung und auch keine rechtlichen Befugnisse. Möglicherweise finden wir überhaupt nichts raus.

›Willst du, dass ich in eine Depression verfalle? Du musst nicht alles ins Negative ziehen.‹

Tu ich ja gar nicht. Ich möchte nur deine Erwartungen dämpfen. Jedenfalls bin ich bereit zu einem Versuch, weil ich einfach was dagegen habe, dass jemand diese Hunde missbraucht.

›Was?! Wer würde denn jemals einen Pudel missbrauchen?‹

Atticus zuckte die Achseln. *Möglich ist alles. Menschen sind zu schrecklichen Taten fähig.*

›Wie zum Beispiel, dass sie Senf aufs Essen schmieren?‹

Ja, und sogar noch Schlimmeres. Auch wenn ich nichts Genaues weiß, bin ich mir ziemlich sicher, dass Jack und die anderen im Moment nicht so glücklich sind wie bei ihren Besitzern.

›Dann ist die Entscheidung gefallen, wir müssen sie finden. Das Wild ist auf!‹

2

Der Mann mit der großen Salami

Als ich zum ersten Mal den Spruch *Das Wild ist auf* von Sherlock Holmes hörte, musste Atticus mir und seinem Erzdruiden Owen auf die Sprünge helfen, weil wir uns natürlich fragten, *worauf* es denn war.

»Soll das heißen, es treibt sich irgendwo auf einer Wiese rum?«, knurrte der Erzdruide. »Oder dass es auf Drogen ist und dir gleich einen Tritt in den Arsch verpasst?«

Atticus erklärte, dass es sich um eine Metapher handelte. Das *Wild* war das Ziel, den Schurken zu fassen. Und wenn es *auf* war, hieß das, dass der Verbrecher zu entwischen drohte und höchste Eile geboten war, um ihn doch noch zu kriegen.

›Wir fangen damit an, dass wir die anderen Leute befragen, deren Hunde entführt worden sind, richtig?‹

Genau. Das heißt, wir müssen erst mal nach Hause. Sobald ich die Adressen rausgefunden habe, können wir loslegen.

Wir kamen zu dem Baum, und Atticus schaute sich nach allen Seiten um, ob uns jemand beobachtete. Als er den Stamm berührte, richtete ich mich auf den Hinterbeinen auf und legte eine Pfote an den Baum und die andere auf seine Schulter. Sofort brachte er uns nach Tír na nÓg, das mit allen anderen Gefilden verknüpft ist, und dann zu unserem neuen Haus im Willamette National Forest, wo gleich beim McKenzie River ein gebundener Baum stand. Wir sprangen die Stufen zur hinteren Veranda hinauf und durch die Tür. Atticus lief gleich zu seinem Notebook, und ich lief gleich zum Wasser. Er wollte unbedingt, dass ich aus der Schüssel trank und nicht aus dem Fluss. Anscheinend hatte er Angst, dass mich irgendwelche Bakterien krank machen könnten. Allerdings hatte ich das Flusswasser schon ein paarmal probiert, als er nicht herschaute. Es war irrsinnig kalt und erfrischend, und ich wurde auch nicht krank, daher war mir nicht klar, was der ganze Aufstand sollte. Trotzdem folgte ich jetzt dem Protokoll. Als Detektiv muss man sich ans Protokoll halten. Außer man ist einer von diesen unorthodoxen Ermittlern aus dem Fernsehen, die Drogen- und Eheprobleme haben und ständig entlassen werden.

Als ich mit der Flüssigkeitsaufnahme fertig war, hatte Atticus schon fast alles nachgeschlagen. Der Bildschirm zeigte eine Landkarte, die ich nicht verstand. Er dagegen kam mühelos damit klar und musste sich nichts aufschreiben oder ausdrucken. Das war so ähnlich wie bei mir mit Gerüchen. Die muss ich mir auch nicht aufschreiben, damit ich mich später daran erinnern kann.

»Okay.« Wenn wir zu zweit waren, sprach er gern laut mit mir. »Jetzt weiß ich, wo wir hinmüssen. Wir werden ein bisschen rumlaufen, wie sonst auch, aber nicht besonders weit. Wir besuchen die Leute in der zeitlichen Reihenfolge der Entführungen. Bitte denk daran, dass das alles Menschen sind, die vielleicht noch weitere Hunde haben. Beim Benehmen von Hunden legen sie hohe Maßstäbe an. Da sind also deine besten Manieren gefragt. Du darfst weder Beine bespringen noch aufs Grundstück pinkeln.«

›Ach du großer Bär, Atticus, das weiß ich doch schon längst!‹

»Eine kleine Erinnerung kann nicht schaden.«

›Aber sie kann nerven! Auch ich möchte die Gelegenheit nutzen und dich daran erinnern, nicht die Beine der Opfer zu bespringen und sie nicht anzupinkeln.‹

»Botschaft angekommen.«

Wir wechselten hinüber zu den immergrünen Bäumen bei Bend in Oregon. Atticus erklärte, dass der Ort im Südosten lag, und irgendwie war es auf einmal ein bisschen kälter. Ein Eichhörnchen schnatterte uns an. Normalerweise wäre ich sofort stehen geblieben und hätte Hesekiel 25:17 zitiert wie Jules in *Pulp Fiction*. Doch wir hatten eine Aufgabe zu erledigen, und für den *Kompletten Jules* blieb einfach keine Zeit.

Bend roch nach frischem Brot und verfaultem Gemüse, und ich dankte den Göttern aller guten Düfte für den Brotbäcker. Ohne ein einziges Mal anzuhalten, passierte ich ungezählte Hydranten und Straßenlaternen, weil sie außerhalb der Parameter unserer Mission lagen. Ich wollte ein effizienter Hundedetektiv sein, weil dieser Pudel unsere Hilfe benötigte.

Wie sich zeigte, stand Ted Lumberghs Haus am Ortsrand und hatte nach hinten ein großes Grundstück mit einem Teich. Nach Atticus' Ansicht bedeutete das, dass Mr Lumbergh sein Geld nicht bloß mit dem Trainieren Bretonischer Spaniels verdiente. Trotzdem hatte er einen ganzen Haufen davon – sie bellten uns schon an, lang bevor wir zur Tür kamen.

Eine Ansammlung von Falten und Furchen in Haut und Kleidern öffnete. Offenbar war Mr Lumberghs Interesse an sauberer Wäsche bereits im letzten Jahrhundert erloschen. Er bedachte Atticus mit einem finsteren Blick, und erst als er mich bemerkte, hellte sich seine Miene auf. Danach schenkte er meinem Druiden keine Beachtung mehr. Das passiert ziemlich oft, weil ich einfach sehr stattlich bin. Er lächelte mit strahlend weißen und regelmäßigen Zähnen, die ich sofort als Gebiss identifizierte, weil Atticus mich auf dieses Phänomen hingewiesen hatte.

»Hallo, guten Tag«, krächzte er angestrengt. »Mit wem habe ich das Vergnügen?«

»Das ist Oberon.« Atticus fügte auch seinen neuen Namen hinzu.

Mr Lumbergh schnitt ihm einfach das Wort ab. »Hallo, Oberon! Was für ein herrlicher Wolfshund. Kann mich nicht erinnern, dass ich dir schon mal bei einer Ausstellung hier in der Nähe begegnet wäre.«

»Er ist kein Schauhund, sondern bloß gut trainiert«, erklärte Atticus.

Ich wedelte mit dem Schwanz und blieb ansonsten völlig reglos.

»Bah, was für ein Jammer.« Mr Lumbergh konnte sich gar nicht sattsehen an mir. »Mit so einem Hund könnten Sie es weit bringen. Sie suchen nicht etwa einen Trainer? Eigentlich bin ich schon halb im Ruhestand, aber bei einem Prachtkerl wie Oberon würde ich es mir noch mal überlegen.«

»Wir sind eigentlich wegen der Entführung Ihres Grand Champions hier.«

»Was?« Jetzt riss er sich doch von mir los. »Wie haben Sie davon erfahren?«

»Ich habe vor Kurzem mit Earnest Goggins-Smythe in Eugene gesprochen. Sein Pudel Jack wurde vor ein paar Tagen gestohlen.«

»Ach? Das wusste ich noch gar nicht. Wirklich schade.« In seinem Gesicht verzogen und verbogen sich die Falten, als er versuchte, sich an Atticus' Namen zu erinnern. »Wer sind Sie noch mal?«

»Connor Molloy. Ich stelle Nachforschungen in dem Fall an, weil die Polizei bisher untätig geblieben ist. Darf ich fragen, was mit Ihrem Bretonischen Spaniel passiert ist?«

Ted Lumbergh zuckte die Achseln. »Sicher, da gibt es nicht viel zu erzählen. Verträgt sich Oberon mit anderen Hunden?«

»Klar.«

Er winkte uns hinein. »Also, dann kommen Sie mit nach hinten.«

Das Haus war schummerig und roch nach Leder, verstaubten Büchern und Salami. Allerdings nicht nach der üblichen Genueser Sorte. Das hier war Ciauscolo aus der Region Marche in Italien. Wenn er diese Delikatesse mit seinen Hunden teilte, gehörte Mr Lumbergh für mich zu den edelsten Menschen.

Er führte uns vorbei an mehreren Räumen und der Küche zu einer Glasschiebetür, hinter der ich mehrere aufgeregte Hunde erkannte. Alle bellten und wedelten mit den Schwänzen, bis Mr Lumbergh sie mit ein paar kurzen Kommandos beruhigte. Offenbar waren sie gut ausgebildet.

Spiel ruhig ein bisschen mit ihnen, Oberon, forderte mich Atticus mental auf, als wir Mr Lumbergh hinaus auf die Veranda folgten. *Ich erzähl dir hinterher alles.*

Vier Bretonische Spaniels warteten voller Eifer auf mich, alle sehr niedlich mit braungeflecktem Fell und schlappen Ohren. Sobald ich durch die Tür kam, sprintete ich nach rechts, wo eine Treppe hinunter zu einem ausgedehnten Rasen führte, und sie folgten mir mit scharrenden Krallen. Als ich den Rasen erreichte, begann die Jagd. Eine Weile ging es durch Bermudagras, dann kam wildes Scheuergras um den

Teich, und die Runde um das Wasserspiel war ein wahrer Genuss. Ordentlich die Beine streckend, die länger waren als bei jedem Spaniel, forderte ich Mr Lumberghs Hunde auf, mich einzufangen. Natürlich hatten sie keine Chance, weil irische Wolfshunde für die Jagd auf Rotwild und echte Wölfe gezüchtet wurden. Wir sind schnell und unglaublich ausdauernd.

»Hahaaah! Schaut sie euch an!«, krähte Mr Lumbergh, als seine Hunde mir nachhetzten. Sie hatten es hier ziemlich gut, wie ich fand. Viel Platz zum Laufen und Dinge zum Riechen und hier und da ein paar Vögel zum Aufschrecken. Möglicherweise kamen hier sogar Hirsche oder Wapitis durch, weil hinter dem Teich Wälder waren und ansonsten nichts. Mr Lumberghs Grundstück war entweder sehr weitläufig, oder es grenzte an Forstland. Ich fragte mich, wie sein Grand Champion gestohlen worden war. Hatten die Täter alle anderen Hunde mit Pfeilen betäubt? Oder mit Schlafmittel versetztes Fleisch über den Zaun geworfen? Manchmal nutzten Menschen unseren Hunger aus. Atticus hatte mich einmal vor einem vergifteten Steak gerettet.

Am anderen Ende des Teichs wandte ich mich um, bellte zweimal als freundliche Begrüßung und wartete, bis mich die Spaniels eingeholt hatten. Dann schlossen wir mit Nasen und Hinterteilen nähere Bekanntschaft und fanden bestätigt, dass wir alle gute Hunde waren, die dank unserer Menschen privilegierten Zugang zu erlesenen Fleischspeisen hatten. Ich hätte gern ein paar Fragen an sie gerichtet so wie Atticus an Mr Lumbergh, aber leider hatten sie mit Ausnahme einiger Trainingsbegriffe keine Sprachkenntnisse. Und wenn sie mit Drogen ruhiggestellt worden waren, wussten sie wahrscheinlich sowieso nicht, was mit ihrem entführten Kumpel passiert war. Wir spielten und schnappten noch ein bisschen nacheinander, dann rief Atticus nach mir.

»Oberon, wir brechen auf!«

Ich lief los, und die Spaniels zockelten mir nach. ›Hast du was Wichtiges rausgefunden?‹

Seine Antwort erreichte mich über die mentale Verbindung, als ich mich der Veranda näherte. *Der Hund heißt Ulysses. Er trug ein besonderes Halsband, an dem man ihn leicht erkennen konnte. Die anderen wurden mit präparierten Leckerlis ruhiggestellt, und Lumbergh meint, dass der Täter was von Hunden verstehen muss und vielleicht sogar über gute Veterinärkenntnisse verfügt. Unsere Theorie, dass der Entführer ein Mitglied des Onlineforums ist, trifft wahrscheinlich zu.*

›Sie wurden also nicht mit Pfeilen beschossen?‹

Nein. Das war Earnest entweder nicht bekannt, oder er hat vergessen, es zu erwähnen.

›Hat Mr Lumbergh jemanden in Verdacht?‹

Leider nicht. Er postet nicht so oft im Forum und kann sich nicht vorstellen, dass es dort jemand auf ihn abgesehen hat.

Als Mr Lumbergh mir eine Scheibe von dieser Ciauscolo in Aussicht stellte, weil ich so ein braver Hund war, bestärkte mich das in meinem Entschluss, Ulysses für ihn aufzuspüren. Nicht auszudenken, was für eine riesige Salami er mir dann schenken würde!

Wir wuselten alle in die Küche, und Mr Lumbergh zog ein herrliches Exemplar und ein Schneidbrett heraus. Die Bretonen wussten genau, was sie erwartete. Mit wedelnden Schwänzen saßen sie im Kreis um ihn herum. Ciauscolo ist keine trockene, harte Salami, sondern so weich, dass man sie nach dem Entfernen der Haut fast auf einen Cracker oder Brot streichen kann. Und sie ist so köstlich, dass sie beinah im Mund schmilzt – obwohl ich zugeben muss, dass Fleisch bei mir nie so lang im Maul ist, bis es schmilzt! Er schnitt fünf dicke Scheiben ab, zog jeweils die Haut ab, und warf jedem Hund eine zu. Heilige Katzenscheiße, die Arbeit als Detektiv hatte wirklich was für sich!

3

Eine grausige Entdeckung

Als Nächstes stand Julia Garcia aus Tacoma mit dem Italienischen Windspiel auf unserer Liste. Auf dem Weg zu ihr ignorierte ich erneut zahllose interessante Bäume und verlockende Hydranten – nur um festzustellen, dass sie nicht zu Hause war.

›Och, verdammt!‹

Hab dir ja gesagt, das wird nicht so leicht.

›Wer kommt jetzt? Wir müssen einfach weitermachen. Ulysses und Jack sind auf uns angewiesen, auch wenn sie es noch nicht wissen!‹

Delilah Pierce. Sie lebt in einem Ort namens Bellingham. Sie hatte eine preisgekrönte Französische Bulldogge.

Bellingham erwies sich als grüner kleiner Flecken ein paar Kilometer südlich der kanadischen Grenze. Atticus brachte uns zu einem frisch duftenden Wald um den Lake Padden. Als wir ankamen, hatte gerade der Regen aufgehört, und der Boden federte weich unter den Füßen. Delilah wohnte ganz in der Nähe in einem großen alten Haus an der Broad Street, an dessen Mauern Weinranken emporwucherten.

Ihre Kinder – ein Junge und ein Mädchen – warfen sich mir prompt an den Hals, als Atticus ihnen versicherte, dass ich freundlich war. Sie rochen nach Marshmallows und Stinkkäse. Delilah wollte mich nicht ins Haus lassen – erstens war ich ein wenig schmutzig, und zweitens hatte sie noch zwei andere, wild kläffende Franzosen drinnen –, sondern lieber auf der vorderen Veranda reden. Sie schickte den Jungen hinein, damit er was zu trinken holte, und wir ließen uns alle nieder. Ich ließ mich von dem Mädchen tätscheln, und Atticus befragte Delilah. Lächelnd und mit viel menschlichem Charme erzählte er ihr von Mr Lumbergh und Earnest und von seinen Nachforschungen zu den entführten Hunden.

»Sind Sie von der Polizei?«

»Ich bin Privatdetektiv.« Diese Lüge flutschte ihm glatter über die Lippen als ich über einen polierten Marmorboden. »Earnest hat mich engagiert.«

Atticus fand heraus, dass all ihre Franzosen genau wie Mr Lumberghs Bretonen in Bend mit Leckerlis ruhiggestellt worden waren. Das fand ich interessant. Warum hatte der Täter nur bei Earnest einen Betäubungspfeil benutzt? Hatten wir es mit zwei verschiedenen Kriminellen zu tun, oder hatte da jemand seinen Ansatz verfeinert? Allerdings war ihm da möglicherweise ein Schnitzer unterlaufen. Es war bestimmt nicht schwer, die Pistolen, aus denen solche Pfeile abgeschossen wurden, und auch die einschlägigen Betäubungsmittel zurückzuverfolgen. So was konnte man sich nicht einfach im nächsten Supermarkt besorgen. Nein, man musste zu einem Tierarzt. Hundertprozentig sicher war ich mir nicht in meiner Einschätzung, da hätte ich erst einmal Atticus fragen müssen. Jedenfalls hatte ich das Gefühl, dass drogengetränkte Leckerlis viel schwerer zum Täter zurückzuverfolgen waren, weil sich die Beweise buchstäblich in Hundescheiße verwandelten.

Danach bekam ich einen Teil der Unterhaltung nicht mit, weil der Junge Getränkedosen an die Erwachsenen verteilte und Atticus fragte, ob er mir was zu essen geben durfte. Er zog eine Tüte Erdnussbutterkekse heraus, und die Kinder lachten sich einen Ast, als ich mir beim Anblick des klebrigen Zeugs die Lefzen leckte. Heikle Sache, diese Erdnussbutter. Einerseits verdammt schwer zu essen, andererseits kann man unmöglich Nein sagen.

Atticus erkundigte sich bei Delilah, wie das mit dem Onlineforum der Hundetrainer lief und ob sie oft dort postete. Einiges davon blendete ich aus, doch dann hörte ich ihn fragen: »Hat vielleicht jemand plötzlich keine Posts mehr geschrieben?« Das klang vielversprechend.

Delilahs Antwort war auf jeden Fall interessant. »Ja. Offen gestanden, bin ich sogar ein bisschen beunruhigt. Eine Freundin von mir wohnt unten in Portland, und sie hat einen Boston Terrier – die Ähnlichkeit zu Französischen Bulldoggen ist groß, deswegen begegnen wir uns oft bei Ausstellungen. Eigentlich postet sie fast jeden Tag, bloß seit zwei Tagen kommt nichts mehr, und auch auf eine SMS vor ein paar Stunden hat sie nicht geantwortet. Sicher kann es dafür eine ganz normale Erklärung geben – sie macht eine Kreuzfahrt, sie hat ihr Telefon verlegt, oder irgendwas anderes. Aber sie ist schon ein wenig älter und lebt allein, da mache ich mir einfach Sorgen.«

»Wie heißt sie?«

»Verity Boone-Sutcliffe. Eine reizende englische Lady, die immer noch jeden Nachmittag ihren Tee trinkt.«

»Und sie besitzt einen Grand Champion?«

»Ja, ein aufgeweckter Bursche.«

»Hat sie noch andere Hunde?«

»Nein, bloß den einen.«

»Und es ist wie bei Ihnen – und Ted Humbergh, Julia Garcia und Earnest –, dass die Informationen über ihren Hund im Forum öffentlich zugänglich sind?«

»Ja.« Ihre Hand flog zum Mund. »Oh, jetzt mache ich mir richtig Sorgen.«

»Nun, ich muss sowieso in diese Richtung, weil unser nächstes Ziel Hillsboro ist – Gordon Petrie mit seinem Airedale. Vielleicht kann ich einfach bei ihr anklopfen und mich erkundigen, ob alles in Ordnung ist.«

»Würden Sie mir Bescheid geben, sobald Sie mehr wissen?«

»Natürlich. Haben Sie Ihre Adresse?«

Kurz darauf verabschiedeten wir uns, und ich kämpfte noch immer mit Erdnussbutterkrümeln im Maul, als wir zurück zum Lake Padden trabten.

Atticus schaute sich um, ob jemand in Hörweite war, dann redete er laut mit mir. »Oberon, der zeitliche Ablauf macht mir Bauchschmerzen. Das würde ich gern mal mit dir durchgehen.«

›Gut. Geht es hier um lineare Zeit oder einen großen Ball aus schwammig-schwabbligem Zeitzeugs?‹

»Um lineare Zeit. Ab der ersten lagen alle Entführungen immer vier bis sechs Tage auseinander. Jack wurde vor ungefähr einer Woche gestohlen, nicht wahr?«

›Wenn du es sagst. Ich dachte, es war vor einem Monat, das heißt vor sieben Tagen.‹

»Sieben Tage sind eine Woche.«

›Richtig, richtig! Wollte dich bloß auf die Probe stellen.‹

»Und Delilah hat uns gerade erzählt, dass sie seit zwei Tagen nichts mehr von Verity gehört hat. Ihr Boston Terrier ist ein Grand Champion. Und vor zwei Tagen waren es fünf Tage nach Jacks Entführung.«

›Ach, du glaubst also, sie könnte das nächste Opfer gewesen sein?‹

»Möglich. Vielleicht schauen wir als Nächstes gleich bei ihr vorbei und nicht bei dem Typen mit dem Airedale in Hillsboro.«

»Von mir aus gern. Wo liegt Portland gleich wieder?«

»Nicht weit von Hillsboro in Oregon. Da gibt's ein Lokal mit Ahornschinken-Donuts, falls du Lust auf so was hast.«

›Klingt auf jeden Fall besser als Erdnussbutter. Nur vielleicht nicht so was Zuckriges. Ich hätte lieber was mit deftiger Soße.‹

Von Bellingham wechselten wir in den Peninsula Park in Portland, der sich durch seine besondere Rosigkeit auszeichnete. Wir kamen bei einer alten Linde mit moosigen, knorrigen Wurzeln in der Nähe einer Bühne heraus. Auf einer Seite der Bühne erstreckte sich ein großes, offenes Feld und auf der anderen ein riesiger Rosengarten mit Brunnen. Dieser stand mitten in einem flachen Becken, in dem glücklich kreischende Knirpse planschten. Ein einladender Anblick, und ich wäre gern in den Garten hineingesprungen, um ein bisschen herumzutoben und zwischen den Sträuchern vielleicht ein paar Kaninchen aufzuscheuchen. Doch Atticus meinte, dass ich die Kinder oder zumindest ihre Eltern erschrecken würde, weil ich eigentlich an der Leine sein müsste.

›Ich bin doch ein lieber Hund, Atticus. Und stattlich obendrein.‹

Das werden sie nicht gleich begreifen.

›Na gut, dann lass mich wenigstens ein bisschen rumschnuppern. Wozu die Eile?‹

Willst du nun die entführten Hunde finden oder nicht?

›Ja, natürlich! Danke, dass du mich dran erinnerst. Wir müssen los!‹

Wenn sich eine Gelegenheit zum Spielen ergibt, vergesse ich manchmal, was ich eigentlich vorhatte. Atticus meint dann oft, dass ich hibbelig bin wie ein Eichhörnchen, und das finde ich fast ein wenig kränkend. Ich glaube, er hat keine Ahnung von der Tragweite seiner Worte. Dieser Vergleich ist einfach unangemessen.

Atticus erklärte, dass wir auf dem Weg zu Verity Boone-Sutcliffes Adresse ein Stück durch den Ort mussten. Außerdem hatte er sowieso Lust auf einen Kaffee. Also trabten wir auf einer Straße namens Albina eine Weile nach Süden und bogen links in die Alberta Street, die Atticus zu einem Kaffee und mich zu einer Fleischpastete führen sollte.

›Was für eine Fleischpastete?‹

Wirst du gleich sehen. An der North East 18th Avenue gibt es die Random Order Pie Bar. Die haben vor allem gefüllte Kuchen, aber im Moment magst du ja lieber eine herzhafte Pastete mit Soße. Und ich kriege gegenüber einen anständigen Flat White.

Ich prustete leise. Die Geschichte mit dem Flat White kannte ich schon. ›So gut wie der in Australien oder Neuseeland ist er natürlich nicht, oder?‹

Natürlich nicht. Atticus stellt sich gern kleine kulinarische Aufgaben. Immer auf der Suche nach einem Flat White, wie es ihn in Down Under gibt, nach Ramen-Nudeln wie in Japan, oder, wenn er in Übersee ist, nach Tacos und Grillgerichten wie auf dem amerikanischen Kontinent.

Mir fiel ein abscheulicher Kalauer ein, den ich sofort vom Stapel ließ, weil ich dafür normalerweise mit einem Leckerli belohnt wurde. ›Hey, in Australien haben die doch dieses Schnabeltier. Das ist ein Säuger und hat auch den Namen Platypus, das weiß ich aus dem Fernsehen. Könnte man dann mit der Milch von so einem Schnabeltier vielleicht einen *Plat White* machen?‹

Mit einem Stöhnen versprach er mir eine Extrawurst.

Die Bar hatte eine fertige Hähnchenpastete, und die Soße darin war so fantastisch, dass sie sogar den Geschmack der Gemüsezutaten verbarg! Atticus amüsierte sich ziemlich über den mit garantiert biologischem Freilandjoghurt genährten Hipster, der ihm den Flat White zubereitete. Der Typ, so erklärte mir Atticus, brachte alles mit, was dazugehörte: öliger Bart, Brille mit dickem schwarzem Gestell, Flanellhemd, eng anliegende Jeans und vielleicht sogar einen Abschluss in Geisteswissenschaften. Ich mag es, wenn er beim Essen die Umgebung kommentiert, ob laut oder in meinem Kopf. Ich lerne Sachen, und es schmeckt. Natürlich macht er das absichtlich, damit ich neues Wissen mit Essen assoziiere. Mir kann das nur recht sein. Außerdem ist es was Besonderes zwischen uns, und es macht Spaß. Danach fallen mir nicht mehr bloß Sachen auf, die ich riechen kann, und das ist wahrscheinlich nicht das Schlechteste, wenn man ein niederträchtiges Verbrechen zu klären hat.

Gestärkt mit Soße und Kaffee, setzten wir unseren Weg auf der North East 18th Avenue ins Viertel Irvington fort. Die Häuser hier waren alle unterschiedlich, ganz anders als in Arizona, wo sich in manchen Gegenden einige wenige Modelle mit kleinen Varianten ewig wiederholen – und selbst diese Abweichungen drehen sich meistens bloß um die zum Anpinklen geeigneten Pflanzen im Vorgarten. Die Häuser in Portland waren anscheinend vor zwanzig Jahrhunderten erbaut worden. Jedenfalls hatte Atticus erwähnt, dass sie von Anfang des zwanzigsten Jahrhunderts stammten. Er erklärte mir, dass sie alle im Craftsman-Stil waren, voller interessanter Eigenarten und späterer Anbauten. Sie waren von hohen Bäumen beschattet und umringt von großen Veranden, und nicht wenige von den Grundstücken hatten Schutzmauern aus Zement oder Stein um einen erhöhten Rasen, die ebenso mit Moos bewachsen waren wie die Treppe hinauf zum Eingang. Reichlich Feuchtigkeit, wie er hinzufügte, und tatsächlich lag Regen in der Luft. Und anscheinend waren die Besitzer auch ziemlich stolz auf ihre Häuser, wenn man die makellosen Grünflächen zum Maßstab nahm. Außen auf den Schutzmauern durfte zwar Moos gedeihen, doch ein ungepflegtes Rasenstück wurde nicht geduldet. Vielleicht hatten sie einen strengen Hauseigentümerverein, wie in der einen Folge von *Akte X*, wo man von einem Monster gefressen wurde, wenn man gegen die Auflagen und Vorschriften verstieß.

Wir bogen links in die Tillamook Street – der Name fiel mir auf, weil das eine Käsemarke ist, die Atticus manchmal kauft – und dann rechts in die North East 24th Avenue. »Also, Oberon.« Atticus hielt vor einem blassblauen einstöckigen Haus, an dem weiße Streifen für eine mir nicht näher bekannte architektonische Note sorgten. Für das menschliche Auge waren das wahrscheinlich dekorative Muster. Die Scheiben in zwei Fenstern waren irgendwie seltsam, und ich fragte Atticus danach.

»Das ist Bleiglas in Farben, die du nicht siehst. Ein bisschen ete, vielleicht auch petete. Gut, Zeit für ein kleines Pflanzenquiz. Die müsstest du eigentlich alle kennen. Wenn du sie alle weißt, ist eine gegrillte Bratwurst für dich drin. Ohne Senf, so wie du sie magst. Also, los.«

Atticus hatte mir in letzter Zeit die Namen von einigen Pflanzen beigebracht, statt mich bloß draufpinkeln zu lassen. Warum, weiß ich eigentlich nicht. Einmal verkündete ich, dass ich gerade einen Oleander begossen hatte, und hoffte auf ein Lob, doch er meinte nur, dass ich das nicht unbedingt herumerzählen musste.

›Na schön. Also, die Hecke vorn ist Buchsbaum. In so was sind manchmal Igel und Eidechsen zu finden.‹

»Ausgezeichnet. Und diese Riesenteile im Blumenbeet vor der Veranda?«

›Ähm, das ist … Rhodo-dodo-dention?‹

»Rhododendron. Das zählt, weil es nur knapp vorbei war. Die Bratwurst wartet noch immer auf dich. Was sind das für Pflanzen mit den langen Stengeln und dem Blütenbausch, die aussehen wie lavendelfarbene Wattestäbchen?«

›Hortindien!‹ Kaum hatte ich es ausgesprochen, wusste ich, dass es nicht stimmte. Meine Ohren klappten nach unten, als Atticus den Kopf schüttelte.

»Der erste Teil war richtig. Möchtest du eine zweite Chance oder dich mit Trockenfutter begnügen?«

›Natürlich will ich eine zweite Chance! Schließlich geht es hier um Fleisch. Okay. Der erste Teil war richtig. Hort, aber nicht in Indien. Eine andere Endung. Ah, jetzt fällt's mir wieder ein: *Hortensien!*‹

Atticus kraulte mich lächelnd am Hals. »Volltreffer. Kluger Hund. Bratwurst zum Abendessen. Gut, jetzt ist deine Nase gefragt. Du gehst voraus zur Tür und schnupperst, so viel du kannst. Wenn sich dann später rausstellt, dass was nicht stimmt, können wir die Gerüche vielleicht später irgendwie zuordnen. Wir dürfen nicht einfach reinlatschen und alles verunreinigen.«

›Kapiert. Wir sammeln Spuren und werten sie aus, und nach vielen gerauchten Pfeifen fügen wir das Ganze wie Sherlock Holmes in einem Moment der Erleuchtung zusammen, für die es ein griechisches Wort gibt, das ich gerade nicht parat habe.‹

»Ich glaube, du meinst *Epiphanie.*«

›Genau! Kriege ich trotzdem ein Leckerli, weil ich noch wusste, dass es was Griechisches ist?‹

»Wenn wir diesen Fall hier lösen können, reden wir nicht mehr von Leckerlis, sondern von Lendenstücken. Lass dir Zeit und speichere alles ab. Es könnte später noch mal wichtig sein.«

Lendenstücke im Plural sind ein ausgesprochen starker Anreiz, der wie kaum ein anderer meine Sinne schärft und meine Konzentration fördert. Bei der Jagd gehe ich eher nach der Sicht als nach dem Geruch, doch das heißt nicht, dass ich ein Käsesteak plötzlich nicht mehr von Roastbeef unterscheiden kann. Die Nase knapp über dem Boden flitzte ich die Verandatreppe hinauf. Drinnen begann ein Hund zu bellen – bestimmt der Boston Terrier.

»Ah, da bin ich erleichtert«, rief Atticus von hinten. »Der Terrier ist offenbar nicht entführt worden.«

›Dann geht es bestimmt auch der Frau gut.‹

»Ja. Trotzdem klopfen wir zur Sicherheit mal und erzählen ihr, dass ihre Freundin beunruhigt ist.«

Anscheinend war es jetzt nicht mehr wichtig, die Gerüche nicht zu verunreinigen, denn er trat an mir vorbei und klopfte rasch an die Tür. Der Terrier drinnen flippte fast aus.

»Ms Boone-Sutcliffe? Ich wollte mich bloß überzeugen, dass bei Ihnen alles in Ordnung ist. Sie müssen gar nicht öffnen. Delilah Pierce in Washington schickt mich, sie macht sich Sorgen um Sie. Sagen Sie einfach, dass alles klar ist, dann verschwinde ich wieder. Und vielleicht könnten Sie sie anrufen.«

Der Terrier bellte weiter, und niemand brachte ihn zum Schweigen. Keine gedämpfte Stimme, die sich meldete. Atticus pochte erneut. Reichlich Gebell, aber kein Lebenszeichen von einem Menschen.

Ich suchte nach einer harmlosen Erklärung. ›Vielleicht ist

sie gerade unter der Dusche. Oder beim Einkaufen. Oder sie liegt oben im Bad mit einem Riesenwälzer und liest gerade eine wirklich spannende Stelle, wie sie manchmal in einem Thriller vorkommt, du weißt schon, wenn du eine Stunde lang spurlos verschwindest und ich nicht weiß, wo du abgeblieben bist, bis du wieder rauskommst und jammerst, dass dir auf dem Klo die Beine eingeschlafen sind.‹

Atticus schaltete auf die mentale Verbindung, um die Dame nicht zu erschrecken, falls sie doch zur Tür kam. *Hmm. Kann sein, Kumpel. Aber offen gestanden werde ich allmählich ein bisschen nervös. Kannst du durch die Tür was Auffälliges riechen?*

Daran hatte ich noch gar nicht gedacht. Ich tappte nach vorn und schnupperte erst am Türrahmen und dann an der Dichtung am Boden. Hund natürlich und Tee, Schinken und verbotene Mengen von Apfelzimtduftschalen. Und etwas Fauliges.

›Ach du großer Bär, Atticus, du könntest recht haben. Es riecht, wie wenn da drinnen wer gestorben ist.‹

Sicher?

›Na ja, auf jeden Fall ist da was Totes. Muss ja nicht die Dame sein. Vielleicht eine Katze, ein Bigfoot oder irgendwas anderes.‹

Ockhams Rasiermesser sagt mir, dass es vermutlich die Dame ist.

›Wessen Rasiermesser? Moment mal, seit wann können Rasiermesser reden?‹

Statt mir zu antworten, schaute er sich um, ob wir beobachtet wurden. Auf der Straße war es ruhig; keine Autos, die vorbeifuhren, auch keine Jogger oder Fahrradfahrer.

Ich will nachschauen. Ich lege einen Tarnzauber über uns und breche ein. Bleib bei der Tür, damit du möglichst wenig Spuren hinterlässt. Sieh zu, dass du nicht haarst. Das hier könnte ein Tatort sein.

›Wie soll ich das machen? Ich kann doch nicht jedes kleine Härchen am Körper steuern.‹

Beschränk dich einfach auf saubere Gedanken. Sonst kommt uns die CSI Portland auf die Schliche.

›Die ganzen CSI-Serien kenne ich gar nicht. Sind die gut?‹

Keine Ahnung. Aber jede Stadt hat eine Abteilung Spurensicherung. Wenn ich es mir recht überlege, sollte ich mir wohl die Zeit nehmen und deine Haare festbinden. Und meine auch. Wir dürfen hier wirklich keine Spuren hinterlassen.

Atticus sprach seine altirischen Druidenformeln – eine Sprache, die kaum noch jemand beherrscht – und knüpfte damit Sachen aneinander, die normalerweise nicht zusammenhalten würden. Danach war mein Fell ganz flach an den Körper gedrückt. Bei ihm war es genauso. Zu guter Letzt legte er den Tarnzauber über uns. Dabei wurden Pigmente an die Umgebung gebunden, um das Auge zu überlisten und die Umrisse unscharf zu machen. Dafür ist viel Energie nötig, deshalb macht er das lieber nicht zu lange. Außerdem kitzelt es bei mir immer so. Als er gerade ansetzte, die Zuhaltung im Türschloss in die unverriegelte Stellung zu binden, knurrte er überrascht: Es war schon offen, und um das Schlüsselloch waren Kratzer.

Okay, dann legen wir mal los. Denk bitte daran, dass der Boston Terrier sein Revier verteidigt und anfangs sicher nicht sehr freundlich sein wird. Sei geduldig mit ihm, bis ich ihn beruhigen kann.

›Ich werde es schon ein paar Jahre aushalten, wenn mich so ein schmächtiges Kerlchen angreift, Atticus. Der wiegt doch mindestens drei Kühe weniger als ich.‹

Du meinst ungefähr fünfzig Kilo. Kühe sind keine Maßeinheit.

›Wären sie aber, wenn Hunde den Laden schmeißen würden.‹

Pass auf die Zähne auf, ja? Boston Terrier haben sehr starke Kiefer- und Halsmuskeln. Wenn er dich irgendwo packt, lässt er sich nur schwer abschütteln.

›Gut, ich pass auf.‹

Atticus wartete ab, bis ein Auto vorbeigefahren war, damit niemand beobachten konnte, wie sich die Tür scheinbar von allein öffnete. Sobald die Luft rein war, gab er das Kommando, und wir schlüpften schnell hinein. Gleich nachdem sich die Tür geschlossen hatte, löste Atticus die Tarnung auf. Der Terrier lag schon auf der Lauer. Er bellte kurz und sprang mit gebleckten Zähnen direkt auf mein Gesicht zu. Ich drehte den Kopf und wischte ihn mit der Pfote zur Seite. Er segelte an mir vorbei und knallte mit dem Maul auf den Holzboden. Unbeirrt rappelte er sich hoch und stürzte sich erneut auf mich. Zweimal musste ich ihn noch wegklatschen, bis Atticus eine Verbindung zu ihm hergestellt hatte und ihn beruhigen konnte. Keine Ahnung, wie er mental auf ihn einwirkte. Auf alle Fälle redete er auch laut mit ihm, weil das zusätzlich half und ich obendrein mitbekam, was passierte.

»Schon gut, schon gut. Wir wollen bloß nach Verity schauen. Wir tun ihr nichts und dir auch nicht. Geht es ihr gut? Wo ist sie?« Atticus kauerte sich nieder und starrte den Winzling an, der wirklich ein Prachtexemplar seiner Rasse war. Glattes schwarzes Fell, milchfarbene Socken an den Pfoten und weißer Pelz an der Brust. Eine Art weiße Rennstreifen führten von den Augen an beiden Seiten der Nase vorbei und verliehen ihm schnurrbärtige Lefzen, die im Gegensatz zu denen einer Englischen Bulldogge oder eines Boxers völlig sabberfrei waren.

Mit zurückgefalteten Ohren setzte sich der Terrier hin. Der arme Kerl zitterte am ganzen Leib! Er hatte Angst. Eine Weile kommunizierte Atticus stumm mit ihm. Das dauerte etwas länger als bei mir, weil er nur ein paar Phrasen wie *Sitz, Aus* und *braver Hund* kannte. Atticus musste alles mit Bildern und Gefühlen machen, bis er zu ihm durchdrang.

»Er sagt, er heißt Starbuck«, erklärte Atticus schließlich.

›Starbuck? Er ist nach dem Piloten in *Kampfstern Galactica* benannt?‹

»Nein, bin mir ziemlich sicher, dass der erste Steuermann der *Pequod* das Vorbild ist. Übrigens ist auch die Café-Kette nach dieser Figur benannt.«

›Wahnsinn! Das haut mich voll um. Du meinst Starbuck aus *Moby Dick*?‹

»Genau den. Er ist der erste Steuermann von Captain Ahab und so ziemlich der Einzige auf dem Schiff, dem Tiere nicht egal sind und der gegen die grausame Verfolgung des weißen Wals ist.«

›Stimmt, jetzt erinnere ich mich. Von dem hast du mir erzählt. Atticus, das kann kein Zufall sein! Das ist genau wie meine Geschichte, die, die ich dir mal in Griechenland erzählt habe!‹

»Welche Geschichte?«

›Sie hieß *Der entwendete Pudel*, du weißt schon, mit dem Weimaraner namens Ishmael, der zusammen mit seinem treuen Gefährten Starbuck, einem Boston Terrier, gegen Abe Froman ermittelt, den Wurstkönig von Chicago!‹

»Also, das ist … Whoa.«

›Erinnerst du dich jetzt?‹

»Ja, natürlich. Irgendwie unheimlich, dieser Zufall.«

›Ich bin Oberon der Prophet! Bestimmt steckt Abe Froman hinter dieser ganzen Sache!‹

»Keine voreiligen Schlüsse. Starbuck glaubt, dass es Verity

nicht gut geht. Er hat furchtbar Hunger und Durst, weil er schon länger nichts mehr zu essen gekriegt hat und sein Wassernapf leer ist.«

›Das klingt nicht gut. Wo ist sie?‹

Atticus stand auf und spähte durch den Raum, vermutlich ein Salon oder ein Wohnzimmer, hinüber in die Küche. Von dort kam der Geruch nach Schinken, aber auch der nach Fäulnis. Das Apfelzimtarrangement stand leider gleich bei der Tür auf einem eleganten Tischchen und verströmte aus einer dekorativen Glasschüssel sein penetrantes, am schwachen Geruchssinn der Menschen orientiertes Aroma.

»Ich schau mal nach«, sagte Atticus. »Bleib bitte bei Starbuck. Freunde dich mit ihm an. Grüß seinen Hintern von mir.«

Ich wedelte mit dem Schwanz und zeigte mich von meiner liebenswürdigsten Seite, obwohl Starbuck sicher fand, dass ich viel zu groß für sein Haus war. Schließlich gewann die Neugier die Oberhand, und er schnüffelte zweimal probeweise an mir, bevor er sich erhob und sich meiner Rückseite näherte. Ich ließ ihm den Vortritt, dann war ich an der Reihe. Er wirkte gestresst und aufgewühlt, war aber sicher kein schlechter Kerl. Und in seinem winzigen Bauch grollte es vor Hunger. Er brauchte möglichst schnell einen Imbiss, am besten gleich eine halbe Kuh. Gern hätte ich mit ihm geredet wie mit Orlaith und ihm versichert, dass er schon bald etwas zwischen die Zähne bekommen würde. Leider ging das nicht. Natürlich musste ich Atticus noch mal auf Starbucks Not aufmerksam machen. Mein Druide ließ nicht zu, dass seine Hunde hungerten.

Plötzlich hörte ich in meinem Kopf Atticus' Stimme. *Verdammt. Sie ist wirklich tot. Und es war auch keine natürliche Ursache.*

›Woher weißt du das?‹

Weil aus ihrer linken Schulter ein Betäubungspfeil ragt.

›Sie wurde mit einem Betäubungsmittel umgebracht?‹

Nicht direkt. Wahrscheinlich hatte sie als Reaktion auf die Droge einen Herzinfarkt oder was Ähnliches, und das war der Grund. Oder sie ist einfach gestürzt und hat sich den Kopf angeschlagen. Allerdings sehe ich kein Blut.

›Kann ich mal schauen? Das Fell klebt noch immer an mir.‹

Ja, komm rüber in die Küche.

Mit Starbuck im Schlepptau trottete ich hinein und entdeckte Atticus, der neben der hingestreckten Leiche von Verity Boone-Sutcliffe kniete, die dünnes, flaumig weißes Haar am Kopf und eine völlig verrutschte Brille mit dicken Gläsern auf der Nase hatte. Sie trug ein langes, weißes Kleid mit blauen Blumen darauf und darüber eine schwarze, nicht zugeknöpfte Wolljacke. Kein Blut zu sehen oder zu riechen, wie Atticus schon festgestellt hatte. Offenbar hatte sie ihren Sturz ein wenig abfangen können.

Ihr Gesicht hatte viele Altersfalten, doch es war zu erkennen, dass sie vom Lächeln kamen und nicht vom finsteren Dreinschauen. Sie war ein wenig rundlich, wie es bei älteren Herrschaften öfter der Fall ist, wenn sie nicht mehr herumtoben wie Kinder, allerdings nicht stark übergewichtig. Und tatsächlich steckte in ihrer linken Schulter ein Betäubungspfeil.

›Also schön. Der verschlagene Schurke schleicht sich rein, um sich Starbuck zu schnappen – vielleicht hat er das Schloss geknackt. Verity überrascht ihn, und dann, *peng*, schießt er auf sie statt auf den Terrier. Sie fällt hin, und er haut ohne den Hund ab, weil … ähm … keine Ahnung. Warum hat er Starbuck nicht mitgenommen, obwohl sie schon aus dem Weg geräumt war?‹

Atticus zuckte die Achseln. »Vielleicht hatte er nur den einen Pfeil. Oder Starbuck hat ihn attackiert. Vielleicht hat er einfach den Kopf verloren, als ihm klar wurde, dass er sie umgebracht hatte. Wahrscheinlich war er nicht darauf gefasst, dass Verity wach ist und rumläuft. Auf jeden Fall teile ich deine Meinung, dass der Täter auch die anderen Hunde entführt hat. Ein normaler Dieb bricht nicht mit einem Betäubungsgewehr bei Leuten ein, und es kommt mir auch nicht so vor, als wäre hier was gestohlen oder gesucht worden. Nein, der Täter hatte es auf Starbuck abgesehen und hat stattdessen auf Verity geschossen. Die Belastung war zu groß für ihr altes Herz. Wahrscheinlich war es keine Absicht. Trotzdem ist sie tot.«

›Und was machen wir jetzt?‹

Atticus seufzte. »Das ist eine gute Frage. Eigentlich sollten wir die Polizei rufen, damit sie das übernimmt. Bloß wenn wir das tun, bekommen wir echte Scherereien.«

›Kannst du das nicht mit so einem anonymen Hinweis managen?‹

»Klar, doch was passiert dann mit Starbuck?«

›Ganz einfach, wir nehmen ihn mit und geben ihm was zu essen. Oder wir geben ihm zuerst was zu essen, da freut er sich bestimmt, und nehmen ihn dann mit.‹

»Gute Idee – ich schau mich gleich nach Futter um. Aber wenn wir ihn wegbringen, dann ist das eine Entführung, und ich mache mich strafbar.«

›Wir benutzen ihn doch nicht für Bespringtaxen!‹

»Decktaxen.«

›Von mir aus. Jedenfalls wollen wir nur, dass er ein glücklicher Hund ist, der regelmäßig was zu essen kriegt.‹

»Die Behörden sehen das sicher anders. Wir sind hier eingebrochen, und wenn wir Starbuck mitnehmen, ohne den Mord anzuzeigen, dann ist das ein Verbrechen.«

›Wir sind nicht eingebrochen. Die Tür war schon offen.‹

»Hey, da hast du recht.« Atticus rappelte sich hoch und fing an, Küchenschränke zu öffnen. In einem entdeckte er eine Schachtel Hundeleckerlis und warf mir und Starbuck je eins zu. Außerdem stieß er auf einen kleinen Beutel mit hochwertigem Trockenfutter. Er schüttete etwas davon in eine Schüssel für Starbuck und füllte auch den Wassernapf nach. Der Terrier trank zuerst, dann stürzte er sich auf das Futter. Ich erschauerte bei dem Anblick dieser erbärmlichen Kost und erinnerte mich an die gegrillte Bratwurst, die mir Atticus versprochen hatte. Nachdem Starbuck fürs Erste satt war, wandte sich Atticus wieder unserem drängenden Problem zu.

»Ich denke, wir holen die Polizei und fragen dann, ob wir uns um Starbuck kümmern können, bis jemand aus Veritys Familie Anspruch auf ihn erhebt. Nur die Sache mit dem zeitlichen Ablauf wird schwierig.«

›Reden wir immer noch von linearer Zeit?‹

»Ja. Schau mal, wir haben heute Morgen erst Earnest Goggins-Smythe und Algernon kennengelernt. Und dann haben wir mit Ted Lumbergh in Bend und mit Delilah Pierce in Bellingham geredet, bevor wir hierher nach Portland gekommen sind.«

›Na und?‹

»Normalerweise ist das in einem Tag nicht zu schaffen. Vor allem, wenn wir uns von Delilah Pierce oben fast an der Grenze zu Kanada verabschiedet und eine Stunde später in Portland die Leiche von Verity Boone-Sutcliffe entdeckt haben.«

›Wie lang ist eine Stunde gleich noch mal?‹

»Sechzig Minuten.«

›Klingt nach einem Haufen Minuten für mich.‹

»Es sind nicht genug, glaub mir. Außerdem muss ich mir überlegen, was ich der Polizei über mich erzähle: wer ich bin, was ich mache und warum ich in dieser Sache rumschnüffle.«

›Also, wenn du offiziell auftreten musst, wieso gibst du ihnen nicht einfach eine Visitenkarte? Eine, auf der steht, dass du Privatdetektiv bist?‹

»Als Privatdetektiv braucht man eine Zulassung. Das prüfen die sofort nach und merken, dass ich lüge.«

›Dann musst du dich eben Berater nennen. Das tun die Leute doch, wenn sie für ihr Wissen bezahlt werden wollen.‹

Atticus nickte. »Keine schlechte Idee. Jedenfalls braucht man als Berater keine Zulassung. Allerdings werden sie natürlich fragen, was für eine Art Berater ich bin. Vielleicht könnte ich mich als Tierschutzaktivist oder so vorstellen. Und wenn ich mir ganz schnell Karten drucken lasse, hilft das vielleicht auch ein bisschen mit dem zeitlichen Ablauf. Ich könnte mir eine Geschichte einfallen lassen und die Sache hier erst melden, wenn ich die Karten habe. Das spielt dann auch keine Rolle mehr, tot ist sie sowieso schon.«

›Sehr gut, Druide. Machen Sie's so.‹

Atticus suchte im Haus herum und fand mehrere nützliche Dinge. Zum Beispiel eine eingerahmte Urkunde an der Wand, die bewies, dass unser neuer Freund tatsächlich ein Grand Champion war, und seinen vollen Namen nannte: *Verity's Nantucket Boy Starbuck*. Für Atticus war das offenbar die Bestätigung, dass der Terrier wirklich nach der Figur aus *Moby Dick* benannt war und nicht nach dem Piloten aus *Kampfstern Galactica*. Außerdem entdeckte er an Haken im Gang eine Sammlung von Gurten und Leinen, die er mir und Starbuck sofort anlegte, damit wir ohne Aufsehen das Haus verlassen konnten.

Da wir so was ziemlich oft machen mussten, war ich daran gewöhnt. Atticus konnte den Leuten nicht einfach verraten, dass er ein ungefähr fünf Milliarden Jahre alter Druide war und über ein Netzwerk von mit GAIA verbundenen Bäumen die Gefilde wechseln konnte. Er hatte mal extra *Terminator 2* laufen lassen, um zu demonstrieren, was ihm blühte, wenn er nicht schwindelte. »Siehst du Oberon? Wenn ich den Leuten erzähle, wer ich bin und was ich alles kann, dann geht es mir wie Sarah Connor. Man fesselt mich an eine Pritsche, spritzt mir Chemikalien, und irgendwelche Kerle lecken mir grundlos übers Gesicht. Und dann folgen Explosionen und schwere Sachbeschädigung, weil man nach so einem unerwünschten Gelecke bloß noch die ganze Welt niederbrennen will. Deswegen muss ich lügen.«

Zusammen trabten wir nach Süden zum Broadway, einer Straße voller Autos und Geschäfte, die überhaupt nicht zu dem ruhigen Viertel Irvington passten. Atticus kaufte sich zuerst ein neues Wegwerfhandy und ein paar Minuten Sprechzeit. Dann setzte er mich und Starbuck locker angebunden vor einer Druckerei ab und huschte hinein. Dort ließ er sich falsche Visitenkarten mit der neuen Telefonnummer machen und hatte auch noch Zeit, das Handy aufzuladen. Er blieb bloß ungefähr zehn Monate weg, und Starbuck und ich genossen die Aufmerksamkeit der Passanten.

Ausgerüstet mit den Karten, lief Atticus mit uns zurück zum Haus und rief von dem neuen Telefon aus die Polizei an. Das alte hatte er natürlich auch noch – es steckte ohne Akku in seiner Tasche. Er holte uns ein paar Leckerlis, dann warteten wir gemeinsam vorn auf der Veranda.

Den eintreffenden Beamten tischte er seine Geschichte auf: Delilah Pierce hatte ihn gebeten, nach ihrer Bekannten Ms Boone-Sutcliffe zu schauen. Er hatte die Tür offen vorgefunden und so die Leiche entdeckt. Danach hatte er nur den Hund gefüttert und an die Leine genommen, um hier draußen zu warten, aber ansonsten nichts berührt oder verändert.

Die Polizisten ließen uns auf der Veranda stehen, bis eine Beamtin in Zivil kam. Als sie in ihren schwarzen Lederstiefeln die Treppe hinaufeilte, ließ sie eine Marke aufblitzen und warf einen kurzen Blick in meine Richtung, als wollte sie abschätzen, ob ich eine Bedrohung darstellte oder nicht. Sie hatte langes, schwarzes Haar, und auch die Lippen waren ziemlich dunkel. Allerdings erkannte ich nicht, ob sie rot waren oder eine schwarze Schattierung hatten. Wahrscheinlich eher rot, weil schwarzer Lippenstift doch angeblich darauf hinwies, dass die betreffende Person eine Katzenliebhaberin war – konnte aber auch sein, dass ich da was durcheinanderbrachte. Ihre Haut war ziemlich dunkel im Vergleich zu der von Atticus, und sie roch nach scharfer Pfeffersoße. Gar nicht so schlecht für einen Menschen. Da war mir schon viel Schlimmeres untergekommen.

»Detective Gabriela Ibarra von der Kriminalpolizei Portland«, stellte sie sich vor. »Haben Sie angerufen und die Tote gemeldet?«

»Ja«, antwortete Atticus. »Ich heiße Connor Molloy.«

»Darf ich Ihnen ein paar Fragen stellen, Mr Molloy?«

»Klar.«

Sie klappte einen kleinen Notizblock auf und klickte mit einem Kugelschreiber. »Woher kannten Sie das Opfer?«

»Ich kannte sie gar nicht. Eine Bekannte von ihr in Washington hat mich gebeten, bei ihr vorbeizuschauen. Delilah

Pierce. Sie hatte seit zwei Tagen nichts mehr von ihr gehört und war besorgt.«

»Wie sind Sie ins Haus gekommen?«

»Die Tür war offen. Ich habe nachgesehen, als sich niemand gemeldet hat. Bloß ein Hund hat gebellt, und der klang ziemlich gestresst.«

»Der Hund klang gestresst?«

»Ja, ich bin Trainer und eine Art Ermittler.«

»Was für ein Ermittler?«

»Darf ich Ihnen meine Karte geben?« Er holte eine von den frisch gedruckten Karten heraus und reichte sie ihr mit zwei Fingern.

Sie nahm sie in Empfang und überflog sie. »Hier steht, Sie sind Hundetrainer und Tierschutzaktivist.«

»Genau. Ich stelle Nachforschungen zu einer Serie von Entführungen in Oregon und Washington an.«

»Sie meinen Entführungen von Hunden?«

»Ja. Ich fürchte, dass diese Tiere missbraucht werden. Delilah Pierce, die verstorbene Verity Boone-Sutcliffe und andere professionelle Trainer aus einem regionalen Onlineforum haben alle in den letzten Monaten Hunde verloren, die vom American Kennel Club als Grand Champions prämiert wurden. Erst letzte Woche wurde der Boxer eines Mannes in Eugene mit genau so einem Pfeil betäubt, wie ihn Ms Boone-Sutcliffe abbekommen hat.«

»Und der Boxer wurde entführt?«

»Nein, er ist kein Grand Champion. Im Haus war auch noch ein Pudel. Dieser Pudel ist ein Grand Champion und wurde gestohlen.«

Detective Ibarra und Atticus gingen zusammen die Fakten durch. Als sie sich darauf konzentrierte, wann das alles passiert war, wich er achselzuckend aus. »Das weiß ich nicht so genau.« Er begnügte sich mit Formulierungen wie *neulich* oder *vor einer Weile.*

Das schmeckte ihr nicht besonders, doch immerhin hatte sie jetzt mehrere Namen und das Forum zum Überprüfen. Und ein handfestes Tatmotiv: Manche Menschen verdienten Geld damit, dass sie ihre Rüden zu Zuchtzwecken herumreichten.

»Vielen Dank.« Sie warf noch einmal einen Blick auf die Karte, nachdem er alle Fragen beantwortet hatte. »Ist die Nummer aktuell, falls ich Sie erreichen will?«

»Ja. Eine letzte Sache noch. Kann ich Starbuck bei mir behalten, bis jemand aus Ms Boone-Sutcliffes Verwandtschaft Anspruch auf ihn erhebt? Mir wäre es lieber, wenn er nicht noch mehr leidet, und er kommt gut mit meinem Wolfshund aus.«

Detective Ibarra ließ den Blick von mir zu Starbuck gleiten, der mit zufrieden heraushängender Zunge neben mir saß. »Klar, warum nicht.« Auch sie zückte jetzt eine Karte. »Ich melde mich, und natürlich können Sie mich jederzeit anrufen, falls Sie was Neues erfahren.«

»Mach ich.«

Dann durften wir gehen, und Atticus führte uns nach Süden zum belebten Broadway.

›Willst du nicht in einen Park und dann mit uns wechseln?‹, erkundigte ich mich.

»Das geht nicht, solange ich Starbuck noch nicht richtig kenne. Ich hätte schreckliche Schuldgefühle, wenn er durch meine Unwissenheit einen Teil seiner Persönlichkeit oder seiner Erinnerungen verliert. Es dauert bestimmt nicht lange, bis wir uns näherkommen, aber im Moment sind wir noch nicht so weit. Wir müssen den Heimweg also auf die langsame Weise zurücklegen. Mit einem Mietauto.«

›Du meinst hoffentlich einen wirklich geräumigen SUV. In den meisten Autos reicht der Platz nicht für mich.‹

»Dann vielleicht was Mittelgroßes.«

Atticus steckte den Akku in sein altes Telefon und suchte damit nach einer Leihwagenfirma. Dann trotteten wir los. Starbuck und ich durften nach Lust und Laune alles beschnuppern und sogar bepinkeln, weil wir es jetzt nicht mehr eilig hatten. Die Detektivarbeit ruhte für heute und sollte erst morgen weitergehen.

Als wir endlich alle drei in einem SUV saßen, schoben ich und mein neuer Kumpel Starbuck die Köpfe durchs Heckfenster und ließen die Zungen im Wind flattern. Inzwischen meldete sich Atticus mit dem neuen Telefon bei Earnest Goggins-Smythe und erzählte ihm von Verity. Earnest sollte sich auf einen Anruf von Detective Ibarra aus Portland einstellen und ihr auf jeden Fall mitteilen, dass auch Detective Callaghan in Eugene in dem Fall ermittelte. Dann fragte Atticus, ob wir uns morgen mit ihm und Algy wieder in dem Hundepark treffen konnten. »Ich würde dir gern noch ein paar Fragen stellen. Algy und Oberon haben jetzt ja Bekanntschaft geschlossen und werden sich sicher besser vertragen als beim letzten Mal. Trotzdem behalten wir sie natürlich im Auge.«

Earnest versprach zu kommen, weil er als Softwareentwickler sowieso zu Hause arbeitete und sich die Zeit einteilen konnte. Nach dieser vagen Verabredung legten wir in Eugene eine Pause ein.

Atticus nutzte die Gelegenheit für einen Anruf bei Granuaile. »Ah, gut, dass du zu Hause bist. Oberon und ich hatten heute ein kleines Abenteuer. Wir haben einen Gast, der eine Weile bei uns wohnen wird. Er heißt Starbuck.«

Von Eugene nach Hause waren es ungefähr hundert Kilometer, meinte Atticus, aber weil es eine ziemlich gewundene Strecke war, dauerte es länger, und es wurde schon allmählich dunkel. Autofahren ist einfach viel langsamer als Gefildewechseln. Starbuck und ich rollten uns auf der Rückbank zusammen und dösten die meiste Zeit, glaube ich. Daher waren wir gut ausgeschlafen, als wir ankamen und ich den Terrier endlich Orlaith vorstellen konnte.

›Schau, Orlaith, ich hab einen kleinen Kumpel mitgebracht! Er heißt Starbuck.‹

›Ach, was für ein putziges Kerlchen! Ich mag dieses Geschniefe und Geschnaufe bei den Boston Terriern. Hey, der ist ja ganz aufgedreht!‹

Starbuck drehte sich im Kreis und sprang fröhlich bellend vor der Veranda auf und ab.

Orlaith wuffte zweimal zurück, dann wandten sie sich den rückwärtigen Regionen zu, um nähere Bekanntschaft zu schließen. ›Kann er schon sprechen?‹, fragte sie.

›Noch nicht. Er kennt ein paar Worte von seinem Menschen, aber er hatte heute zum ersten Mal einen Druiden im Kopf. Atticus meint, dass er wirklich klug ist.‹

›Soll er bei uns bleiben?‹

›Eine Zeit lang auf jeden Fall. Sein Mensch wurde von einem anderen umgebracht, also werden wir seine Familie sein, bis die Verwandten von seinem Menschen ihn zurückhaben wollen.‹

›Wie traurig! Er riecht, als hätte er bis vor Kurzem ziemlich viel Stress gehabt.‹

›Stimmt. Aber mit ein bisschen gutem Essen und Spaß

kriegen wir das schon wieder hin, nicht wahr? Atticus hat für heute Abend Bratwurst versprochen!‹

›Wirklich? Granuaile hat mir das Gleiche versprochen!‹

›Manchmal glaube ich, sie stimmen sich ab, um uns glücklich zu machen.‹

Unsere Druiden waren schon nach drinnen verschwunden. Wahrscheinlich wollten sie schmusen und sich über Menschensachen unterhalten. Hoffentlich setzten sie außerdem schon mal das Abendessen auf. Sie würden uns rufen, sobald sie uns brauchten. Fürs Erste konnten wir herumtoben und miteinander spielen.

›Schauen wir mal, wie schnell er ist!‹, rief Orlaith vergnügt.

Schon spritzten wir los und beobachteten, ob Starbuck Schritt hielt. Anfangs schaffte er es – er war wirklich ein flinker kleiner Bursche! Nach der ersten Runde ums Haus zogen wir dann allmählich davon, weil seine Lunge und seine Beine einfach nicht groß genug waren. Da wir nicht wollten, dass er sich zurückgelassen fühlte, ließen wir ihn wieder herankommen. Dann schlugen wir ein paar Haken, purzelten durcheinander, balgten uns und so weiter. Am Ende legten wir uns hechelnd auf ein kühles, weiches Stück Erde am Fluss und lauschten dem vorbeigurgelnden Wasser.

›Wie geht's dir?‹, fragte ich Orlaith. Inzwischen merkte man ihr schon ein wenig an, dass sie schwanger war.

›Ziemlich gut! Aber Granuaile meint, dass ich mich bald schwerer und langsamer fühlen werde und vielleicht bis nach der Geburt der Welpen nicht mehr mit ihr wechseln sollte. Also werde ich in der nächsten Zeit viel mit dir und Atticus zusammen sein. Und mit Starbuck natürlich.‹

›Hey, das trifft sich gut! Du kannst uns bei der Aufklärung von Verbrechen helfen!‹

›Was für Verbrechen?‹

Ich brachte sie auf den neuesten Stand über unsere Eskapaden, und Atticus machte es bei Granuaile wahrscheinlich genauso. Endlich kam der ersehnte Ruf zum Abendessen. Starbuck hatte natürlich keine Ahnung, was los war, als wir wie Raketen zur Hintertür schossen. Schnell flitzte er uns nach, um den Grund unserer Begeisterung herauszufinden. Wir pflügten durch die extragroße Hundetür, und mir fiel zu spät ein, dass Starbuck damit vielleicht nicht zurechtkam. Doch die Sorge war überflüssig. Die Größe des Durchgangs machte ihm keine Angst und stellte auch seine Kräfte nicht vor nennenswerte Probleme.

»Ach, Atticus, der ist ja hinreißend!«, rief das schlaue Mädchen bei seinem Anblick. »Starbuck, komm mal her!«

Der Terrier lief sofort zu ihr und schnupperte an ihren Fingern. Sie konnte ihn noch ein bisschen tätscheln, dann lenkten ihn die vielen anderen Gerüche in seiner neuen Umgebung ab.

›Atticus, sag ihm lieber, er soll nichts anpinkeln‹, mahnte ich.

Schon erledigt, Kumpel.

›Gut. Mann, diese Bratwürste duften! Jetzt musst du Starbuck nur noch über die Regeln aufklären.‹

Welche Regeln?

›Vor allem die, dass er auf keinen Fall meine Wurst klauen darf.‹

Ach so, natürlich. Na, es ist genug für alle da, keine Angst. Niemand muss sich über Portionen streiten.

Es wurde ein schöner Abend, weil wir einen Kläffer in Not gerettet hatten. Starbuck stopfte sich mit Essen voll, das kein Trockenfutter war, und wir machten es genauso. Atticus gab uns allen so einen Druidentee, der gegen die Beschwerden half, die Hunde manchmal nach dem Verzehr von fettreichem Fleisch bekommen. Am nächsten Morgen nach dem Aufwachen warteten neue Ermittlungen auf uns, und wir konnten die Suche nach dem entwendeten Pudel Jack fortsetzen. Nach dem Frühstück natürlich.

4

Schwammig-schwabblige Zeit ist die beste Zeit

Unsere Druiden standen im Morgengrauen auf und machten sich an ihr bizarres Ritual der Kaffeezubereitung. Für ein bisschen heißes, bitteres Wasser ist das wirklich sehr viel Aufwand, und ich möchte mir gar nicht vorstellen, wie unzulänglich ihre Sinne sind, wenn ihnen *so was* schmeckt. Kaffee wird wohl einfach eins der vielen menschlichen Rätsel für uns Hunde bleiben. Immerhin hat der Vorgang auch was Gutes: Er ist ein deutliches Signal, dass es bald was zu essen gibt. Atticus machte uns ein paar Schweinswürstchen mit leichter Bratensoße, dann schüttelte er zwei leichte vegetarische Omeletts für sich und das schlaue Mädchen aus dem Handgelenk.

In letzter Zeit hatte Granuaile immer ein Buch mit polnischen Gedichten von einer Dame namens Wisława Szymborska vor sich. Es war zweisprachig, und sie prägte sich die polnische Fassung ein, weil sie einen neuen Kopfraum zum Wechseln der Gefilde brauchte. Beim Frühstück oder einer anderen Mahlzeit, die sie mit uns teilte – ihr Tagesablauf war ziemlich unberechenbar, seit sie so oft in Polen und damit in einer anderen Zeitzone war –, las sie uns gern ein paar Zeilen daraus vor.

»Hört euch das an, Leute. Das stammt aus einem Gedicht namens ›Träume‹ und passt irgendwie zum Druidentum, auch wenn das natürlich Zufall ist. Vor allem, wenn man sich Fliegen als Gefildewechseln vorstellt. Hier die Übersetzung:

> Und wir – anders als Zirkusakrobaten,
> Magier, Zauberer und Hypnotiseure –
> wir fliegen ungefiedert,
> wir erleuchten dunkle Röhren mit unseren Augen,
> wir werden beredt in unbekannten Zungen,
> und sprechen nicht mit irgendwem, sondern mit den
> Toten.«

Als sie zu Ende war, strahlte sie Atticus an, der ihr Lächeln erwiderte. »Wirklich toll, selbst in der Übersetzung.«

In der Tat. Unsere Druiden waren zurzeit ziemlich glücklich. Granuaile freute sich, dass sie eine neue Sprache und ihre Poesie erlernen konnte, und Atticus freute sich, dass er nicht mehr von Vampiren gejagt wurde. Er hatte noch immer einen Haufen Schulden bei den Eibenmännchen für ihre blutigen Dienste, und er war nicht mehr reich. Doch zur Behebung dieses Problems hatte er schon einen Plan. »Ich weiß, wo das ganze Gold ist«, erklärte er, »oder zumindest kenne ich Elementargeister, die es wissen. Ich brauche bloß ein bisschen Zeit, damit ich es rausholen kann, ohne dass GAIA eine Menge neue Probleme kriegt. Und während dieser Bedrohung durch die Vampire habe ich einfach keine Zeit dafür gefunden.« Er wollte in einer öden Wüste im südlichen Kalifornien einen Claim anmelden und dann behaupten, sein Gold von dort zu haben. Wenn daraufhin andere Menschen in der Gegend herumschürften, konnten sie damit nicht viel Schaden anrichten, weil es sowieso schon eine Wüste war. Dass ihre Suche vergeblich bleiben musste, war eine gerechte Strafe für ihre Gier.

So sah sein langfristiger Plan aus. Er hatte auch einen kurzfristigen, bei dem es um eine Schatzkarte ging. Mehr wollte er noch nicht verraten.

Granuaile arbeitete als Barista in Polen und hatte an diesem Tag frei. Sie hatte vor, es sich am Fluss gemütlich zu machen, Szymborska auswendig zu lernen und Orlaith den Bauch zu kraulen. Atticus wollte nach Eugene fahren und mit mir und Starbuck auf Verbrecherjagd gehen.

Als wir gerade durch die Tür waren und uns in die Mietkarre zwängten, klingelte sein neues Telefon. »Ah, guten Morgen, Detective Ibarra. Was kann ich für Sie tun?«

Atticus stellte auf Lautsprecher, damit ich alles hören konnte. »Die zeitliche Abfolge in diesem Fall macht mir Kopfzerbrechen«, sagte sie gerade. »Vielleicht können Sie mir da weiterhelfen.«

»Eher nicht, weil ich gar nicht auf die Zeit geachtet habe – ich trage keine Uhr und schaue auch nicht ständig auf mein Telefon. Aber versuchen kann ich es natürlich.«

»Freut mich. Mr Lumbergh, Mr Goggins-Smythe und Ms Pierce geben alle an, dass sie Ihnen gestern zum ersten Mal begegnet sind.«

»Hmm. Merkwürdig.«

»Und die Leiche von Ms Boone-Sutcliffe haben Sie ebenfalls entdeckt.«

»Richtig. Daran erinnere ich mich. Sie waren auch dort, und wir haben Visitenkarten ausgetauscht.«

»Wie ist es möglich, dass Sie zuerst in Eugene auftauchen, dann in Bend, dann in Bellingham und zuletzt in Portland – und das alles an einem Tag?«

»Bin mir nicht sicher, ob das möglich ist. Ist das eine Fangfrage?«

»Nein, eine ernste Frage. Wie konnten Sie all diese Leute an einem Tag treffen?«

»Ich kann mir nicht vorstellen, dass es so war.«

»Und wann haben Sie sie dann getroffen?«

»Natürlich in einer zeitlichen Reihenfolge, die nach den Gesetzen der Physik möglich ist. Wahrscheinlich hat sich der eine oder andere von ihnen getäuscht. Tut mir leid, dass ich Ihnen da nicht helfen kann. Mir ist wichtig, das Vergehen der Zeit nicht zu beachten. Das bringt nur Stress, setzt Kortison in den Kreislauf frei und verkürzt die Lebenserwartung. Ganz zu schweigen von der schlechten Haut und vielen anderen unerwünschten Wirkungen. Da lebe ich lieber in der Gegenwart, egal zu welcher Zeit.«

»Wie spät ist es jetzt, Mr Molloy?«

»Wollen Sie mich stressen? Es ist zwischen Frühstück und Mittagessen.«

»Verstehe. Wie lange sind Sie schon Tierschutzaktivist?«

»Seit über zwei Jahrtausenden.«

»Hmpf.« Die Polizistin ächzte, als hätte sich Atticus einen Scherz erlaubt. Aber ich glaube, in dem Fall hatte er ihr nichts vorgeflunkert. Ich kann mir diese Sachen wahnsinnig schlecht merken und bringe ständig die Begriffe durcheinander – da bin ich wie Doctor Who, der die schwammig-schwabblige Zeit bevorzugt. Trotzdem bin ich mir ziemlich sicher, dass *Jahrtausende* was Längeres ist. Manchmal sagt Atticus den Leuten die Wahrheit, weil er darauf vertraut, dass sie seine Worte nicht ernst nehmen. Für uns beide ist das immer ziemlich witzig. Detective Ibarra fuhr fort: »Die Karte, die Sie mir gegeben haben, wurde erst gestern gedruckt.«

»Wirklich? Woher wollen Sie das wissen?«

»Ihr Telefon ist ein Wegwerfhandy, das erst gestern freigeschaltet wurde. Und davor können Sie die Nummer, die auf der Karte steht, noch nicht gekannt haben.«

»Wow, Sie verstehen wirklich was von Ihrer Arbeit.«

»Was treiben Sie sonst so im Leben, Mr Molloy? Es gibt praktisch keine Informationen über Sie, und das finde ich irgendwie verdächtig.«

»Es ist nicht verboten, ein Wegwerfhandy zu haben.«

»Natürlich nicht. Allerdings ist es auch eine legale Methode, mit der viele Kriminelle ihren Aufenthalt verschleiern.«

»Und eine von vielen Methoden, mit denen sich gesetzestreue Menschen vor aufdringlichen Behörden schützen.«

»Wo sind Sie im Moment?«

»In meinem Haus hundert Kilometer von Eugene entfernt.«

»Auf Ihren Namen ist in Oregon kein Auto zugelassen.«

»Das stimmt.«

»Wie sind Sie also gestern Abend von Portland aus heimgekommen?«

»Ich habe einen Wagen gemietet. Das mache ich nur, wenn es unbedingt sein muss. Meistens brauche ich kein Auto.«

»Aha, dann arbeiten Sie bestimmt zu Hause. Das bringt mich auf die Frage zurück, was Sie machen, wenn Sie nicht gerade in meiner Gegend Mordopfer entdecken.«

»Viel Meditation, drei verschiedene Arten von Yoga, ein bisschen Gartenarbeit. Das Übliche.«

»Ich meine, womit bestreiten Sie Ihren Lebensunterhalt? Woher haben Sie das Geld, mit dem Sie ein Auto mieten und ein Wegwerfhandy kaufen?«

»Was spielt das für eine Rolle? Ich gebe gelegentlich Trainingskurse und komme über die Runden.«

»Es spielt eine Rolle, weil Ihre Geschichte widersprüchlich und Ihr Hintergrund fragwürdig ist.«

»Viele Leute schaffen es auf diese Weise in hohe Ämter. Vielleicht sollte ich für die Präsidentschaft kandidieren.«

Durch das Telefon wehte ein frustriertes Seufzen. Doch statt Atticus anzuschnauzen, wechselte Detective Ibarra einfach nur das Thema. »Wo waren Sie, als Ms Boone-Sutcliffe getötet wurde?«

»Keine Ahnung. Wann wurde sie denn umgebracht – Moment mal, was soll denn das jetzt? Egal, wann es war, ich bin jedenfalls nicht mit einem Betäubungsgewehr in ihr Haus eingebrochen, um ihren Hund zu entführen.«

»Mir fällt allerdings auf, dass der Hund jetzt bei *Ihnen* ist.«

»Ich darf Sie daran erinnern, dass ich ihn nicht entführt habe. Ich habe ihn mit Ihrer Erlaubnis mitgenommen und werde ihn wie versprochen zurückgeben, sobald sich jemand aus der Verwandtschaft von Ms Boone-Sutcliffe meldet. Übrigens geht es ihm schon viel besser. Sein Stressniveau ist wieder unten. Und wie schaut es mit Ihrem aus?«

»Steigt immer mehr, je länger wir uns unterhalten.«

»Möchten Sie das Gespräch lieber später fortsetzen?«

»Nein, ich will, dass Sie meine Fragen beantworten und nicht weiter die Ermittlungen behindern.«

»Wie können Sie so was sagen? Ich habe die Leiche gefunden und Sie nicht nur auf ein Motiv hingewiesen, sondern auch auf einen Kreis von Verdächtigen, die Sie mühelos aufspüren können.«

»Sie meinen das regionale Hundetrainerforum? Nutzlos. Das Forum ist frei zugänglich. Da kann jeder nachschauen, wer einen Grand Champion besitzt.«

»Nicht *jeder* kann andere Hunde mit genau dosierten Leckerbissen betäuben, nicht *jeder* weiß, dass Mr Lumbergh mehrere Bretonische Spaniels und Ms Pierce mehrere Französische Bulldoggen hat. Und so weiter. Das Vorgehen deutet klar auf einen Trainer, der viele von den Besitzern kennt.«

»Sie sind doch auch Trainer.«

Atticus verdrehte die Augen. »Ja, aber ich kannte die anderen vorher nicht. Diese Leute sind mir erst in den letzten Tagen zum ersten Mal begegnet. Oder gestern, wenn Ihnen das Unmögliche lieber ist.«

»Mag sein. Trotzdem verstehe ich Ihre Rolle bei dem Ganzen einfach nicht.«

»Ich mag Hunde und will nicht, dass man ihnen wehtut. Das ist doch nicht so ungewöhnlich.«

»Ungewöhnlich und gelinde gesagt unplausibel ist, dass Sie für die Hunde anderer Leute derart weite Reisen auf sich nehmen, ohne dass jemand dafür aufkommt. Werden Sie von Mr Goggins-Smythe für Ihre Ermittlungen bezahlt?«

»Das will ich hoffen. Eine Rechnung habe ich ihm noch nicht geschickt.«

»Bei meinem Gespräch mit ihm hat er angegeben, dass er Sie nicht offiziell engagiert hat, auch wenn Sie das gegenüber Ms Pierce behauptet haben.«

»Da findet sich schon eine Lösung.«

»Außerdem haben Sie behauptet, dass Sie Detective Callaghan in Eugene kennen. Ich habe mich gerade mit Callaghan unterhalten, und er hat noch nie von Ihnen gehört.«

»Na ja, er war damals ziemlich angesäuselt.«

»Detective Callaghan ist seit neun Jahren nüchtern.«

»Und alle sind zu Recht stolz auf ihn. Da muss ich mich wohl noch mal bei ihm vorstellen. Ist eben alles lange her, und es ist nicht seine Schuld.«

»Soll das heißen, Sie haben ihn gekannt, als er noch getrunken hat? Da müssten Sie doch noch ein Kind gewesen sein.«

Atticus bekam große Augen. Trotzdem glaube ich nicht, dass ihm etwas in die Hose gegangen war. Es bedeutete wohl eher, dass sie ihn bei einer Lüge ertappt hatte. Zumindest so gut wie. Natürlich war Atticus vor neun Jahren oder Tagen oder Jahrhunderten kein Kind mehr. Ich meine, er ist älter als die Eisenbahn. Älter als Vampire. Sogar älter als Keith Richards! »Theoretisch vielleicht schon. Aber ich war ziemlich frühreif.«

»Sie sind mir ein bisschen zu schlagfertig, Mr Molloy.«

»Möglich. Jedenfalls bin ich kein Mörder. Sie verschwenden Ihre Zeit.«

»Aussagen zu überprüfen und Unstimmigkeiten zu finden gehört zu meiner Arbeit. Oft deuten sie auf die Lösung. Das ist keine Zeitverschwendung.«

»Da gebe ich Ihnen recht. Dann überlasse ich Sie mal wieder Ihrem Job, außer Sie haben noch was zu besprechen.«

»Wenn Sie nicht belegen können, wo Sie zum Zeitpunkt von Ms Boone-Sutcliffes Ermordung waren, muss die Polizei von einem Anfangsverdacht gegen Sie ausgehen.«

»Sie haben mir noch immer nicht gesagt, wann sie gestorben ist. Das war bestimmt lange, bevor ich die Leiche gefunden und 911 gewählt habe.«

»Vor zwei Tagen zwischen Mitternacht und drei Uhr morgens.«

»Da war ich zu Hause und habe geschlafen.«

»Kann das jemand bestätigen?«

»Bevor ich ins Bett bin, habe ich meinem Hund ausführlich den Bauch gekrault. Er hat sogar mit dem Bein ausgeschlagen, weil ich ihn an der Stelle direkt unter der Rippe erwischt habe.«

Hey, genau, daran erinnere ich mich! Dummerweise

konnte ich Detective Ibarra das natürlich nicht sagen. Mir fiel auf, dass Atticus kein Wort über Granuaile verlor. Wahrscheinlich wollte er vermeiden, dass sie in die Sache hineingezogen wurde.

»Das ist kein besonders gutes Alibi, Mr Molloy.«

»Ich führe mein Leben nicht so, dass ich ein hieb- und stichfestes Alibi habe, wenn eine mir unbekannte Person an einem zweihundert Kilometer entfernten Ort unvermutet stirbt. Haben Sie mehrere Zeugen, die ständig Ihren Schlaf bewachen, für den Fall, dass Sie in irgendeinem Mordfall unter Verdacht geraten könnten, Detective Ibarra?«

»Ich nehme zur Kenntnis, dass Sie weiter unkooperativ bleiben möchten.«

Das brachte Atticus auf die Palme. Sein Gesicht und sein Tonfall verdüsterten sich. »Und *ich* nehme zur Kenntnis, dass Sie jemanden einzuschüchtern versuchen, der bisher mehr zur Lösung dieses Falls beigetragen hat als Sie. Da bleibt mir wohl nichts anderes übrig, als die Sache selber aufzuklären.«

»Bitte mischen Sie sich nicht in die polizeilichen Ermittlungen ein.«

»Sie haben mir nicht zugehört. Sie können sich darauf *verlassen,* dass ich das Verbrechen aufklären werde. Für meinen Klienten.«

»Mr Goggins-Smythe ist nicht Ihr Klient!«

»Ich rufe Sie an, sobald ich die Arbeit erledigt habe, für die eigentlich Sie zuständig sind.« Atticus beendete das Gespräch mit einem Daumendruck auf eine Taste – einfach fantastisch, diese Daumen! Dann seufzte er. »Siehst du, Oberon? Ich hab dir gleich gesagt, dass der zeitliche Ablauf problematisch ist.«

›Da kann man jetzt auch nichts mehr machen. Am besten, ich und Starbuck übernehmen das, wie du vorgeschlagen hast.‹

»Das war nicht unbedingt mein Vorschlag.«

›Ich weiß, aber du *wolltest* es vorschlagen. Schon gut, Atticus.‹

»Dann los. Wir müssen den Mietwagen zurückbringen und zusehen, dass wir noch die zwei anderen Hundebesitzer erwischen.«

›Außerdem müssen wir noch eine Sherlock-Mütze und die passende Pfeife für mich besorgen.‹

»Ach? Diese Mützen heißen übrigens Deerstalker.«

›Noch besser! Dann bin ich auf der Pirsch nach Hirschen *und* Verbrechern!‹

»Was für eine Pfeife wünschst du dir?«

›Eine, wie sie der verehrte Mr Holmes benutzt hat.‹

Atticus lenkte das Auto auf die Straße und ließ für mich und Starbuck das Heckfenster herunter. »Also, in den ursprünglichen Geschichten von Sir Arthur Conan Doyle war es eine Lesepfeife, aber in Filmen und bei Theateraufführungen benutzen die Schauspieler oft eine Kürbispfeife.«

›Hm. Und was für eine Pfeife hat Gandalf?‹

»Er hat eine Lesepfeife und raucht gemeinsam mit Bilbo Beutlin Langgrundblatt.«

›Dann will ich auch so eine! Die Pfeife von Zauberern und weltberühmten Detektiven!‹

5

Ein Mann mit einem zweifelhaften Erscheinungsbild

Ich steckte den Kopf durchs Fenster und ließ die Zunge im Wind wehen. Die Luft schmeckte nach Kiefer, Waldpilzen und nahendem Regen. Der Himmel war grau statt blau, und wir hatten die Straße fast für uns allein. Der Regen setzte nicht ein, sondern drohte immer nur wie ein alter Knacker, auf dessen Rasen man gekackt hat. Uns konnte das nur recht sein.

Wir gaben den Leihwagen zurück und Atticus versprach, dass wir ab jetzt wieder durch die Gefilde wechseln konnten, weil er Starbuck inzwischen gut genug kannte und sein Gedächtnis bewahren konnte. Im Moment war sein Bewusstsein ohnehin noch nicht besonders kompliziert.

›Und was ist mit dem zeitlichen Ablauf?‹

»Wir müssen bloß rauf nach Hillsboro. Das ist eine Strecke, die man an einem Vormittag locker schafft. Da wird Detective Ibarra nichts auszusetzen haben, falls sie mir weiter nachspioniert.«

Hillsboro roch nach Trauben und Hopfen. Vielleicht nicht überall, aber da, wo wir ankamen, war es auf jeden Fall so. Atticus erklärte, dass dort mehrere Technikfirmen wie Intel ihren Sitz hatten, und dass die Leute die Gegend Silicon Forest nannten, wenn sie mal eine Abwechslung zu »Hillsboro« brauchten. Allerdings kann ich festhalten, dass ich kein Silikon roch.

Zur Wahrung des Scheins legte Atticus mir und Starbuck eine Leine an, dann trabten wir zur Adresse von Gordon Petrie, der nicht öffnete. Atticus klingelte zweimal, und wir wollten schon aufgeben, als ich plötzlich von der Rückseite des Hauses laute Kommandos wahrnahm.

›Hey, Atticus, hörst du das?‹

Nein, was denn?

›Da hinten schreit jemand *Platz!* Wie diese Hundetrainer manchmal. Vielleicht ist er im Garten.‹

»Schauen wir doch mal nach.« Atticus eilte um die Ecke und rief über den Zaun: »Mr Petrie? Sind Sie da? Es geht um Ihren Airedale Terrier!«

Das Geschrei brach ab, und ein zweifaches Bellen ließ darauf schließen, dass sich Hunde näherten. Der Mann tauchte offenbar ebenfalls auf, auch wenn ich ihn – im Gegensatz zu Atticus – auf der anderen Seite des Zauns nicht sehen konnte.

»Kann ich was für Sie tun?« Die gedämpfte Stimme hatte einen englischen Akzent und klang angestrengt, als hätte ihr Besitzer ein Leben lang mit schwerer Verstopfung gekämpft, ohne je von Ballaststoffen zu hören.

Atticus erklärte ihm, dass er Nachforschungen zur Entführung mehrerer Grand Champions anstellte und sich mit ihm über seinen verschwundenen Airedale Terrier unterhalten wollte.

»Gut, in Ordnung. Warten Sie bitte an der Tür. Ich bin gleich bei Ihnen.«

Ich zockelte neben Atticus wieder nach vorn. ›Der Typ klingt, als hätte er nicht mehr gelacht, seit Doc Brown den Fluxkompensator erfunden hat. Wie sieht er überhaupt aus?‹

Stell dir eine Wurst vor, meinte Atticus nach einer kleinen Pause.

›Und?‹

Bloß ohne jeden Geschmack und Spaß. Einfach ein Sack mit leblosem Inhalt.

›Was? Das gibt's doch gar nicht!‹

Du wirst es gleich erleben.

Ich bin kein großer Kenner der menschlichen Mode, doch selbst mir war sofort klar, dass Gordon Petrie sich um Normalität bemühte und dabei scheiterte. Sobald er durch die Eingangstür trat, merkte ich, dass da nichts zusammenpasste. Das fing schon bei der Anzughose an, die außer ihm wohl niemand zum Trainieren von Hunden getragen hätte. Und wenn es sich um eine Art ironische Geste handelte, hätte er Haare dranhaben müssen, um zu beweisen, dass seine Hunde ihn berühren und mit ihm spielen durften. Mr Petries Hose hingegen war frisch gebügelt und völlig haarfrei. Seine schwarzen Schuhe waren fein und blank poliert. Das Hemd hatte er bis zum Kragen und auch an den Handgelenken pedantisch zugeknöpft. Und ein merkwürdig schmaler Haarstreifen säumte seinen Kiefer und bildete so was wie eine Hausform um den Mund, der Schnurrbart war dabei nicht breiter als der Rest. Das kannte ich doch von irgendwo …

Plötzlich fiel es mir ein, und ich warnte meinen Druiden: ›Atticus, Vorsicht, der sieht aus wie Jafar! Lass dich nicht hypnotisieren!‹

Bei allen Göttern, Oberon, bring mich jetzt nicht zum Lachen!

»Darf ich fragen, wie Sie von mir erfahren haben?«, knödelte Mr Petrie.

»Selbstverständlich.« Atticus zückte eine seiner falschen Visitenkarten und reichte sie ihm. »Ich bin Tierschutzaktivist und befasse mich im Auftrag von Earnest Goggins-Smythe aus Eugene mit dieser Angelegenheit. Sein Pudel wurde entführt, ähnlich wie Ihr Airedale und einige andere Hunde. Es gab mehrere solche Fälle in Oregon und Washington, und jetzt ist auch noch jemand tot.«

Mr Petrie nahm die Visitenkarte nicht in die Hand und würdigte sie auch keines Blickes. Stattdessen verschränkte er sorgfältig die Arme vor der Brust. Nach menschlichen Maßstäben hieß diese Inszenierung wohl, dass er ein Blödmann war. Und zwar einer, der nach Zitrone und Franzbranntwein roch.

»Ja, ich habe bereits von Verity Boone-Sutcliffes Hinscheiden gehört.«

»Ach?«

»In der Tat. Eine Polizeibeamtin aus Portland hat mich angerufen. Sie wollte wissen, ob Sie mich bereits aufgesucht haben.«

»Gut, dann muss ich nicht so viel erklären. Könnten Sie mir sagen, ob Ihre anderen Hunde mit präpariertem Futter oder einem Pfeil betäubt wurden?«

»Mit Futter irgendwann nachts. Sie waren bewusstlos, als ich sie am Morgen fand.« Mr Petries Blick zuckte kurz zu der hingestreckten Visitenkarte und wieder zurück zu Atticus. Er blähte die Nüstern.

›Atticus, warum steckst du die Karte nicht endlich ein? Er nimmt sie garantiert nicht.‹

Ich weiß. Aber es verunsichert ihn, wenn ich sie ihm unter die Nase halte.

»Ich darf gleich zur Sache kommen, dann sparen wir Zeit«, fuhr Mr Petrie fort. »Ich kann nur wiederholen, was ich Detective Ibarra erklärt habe. Julia Garcia war es. Sie hat alle Hunde entführt und ihren ebenfalls als gestohlen gemeldet. Dann hat sie Verity umgebracht und die Stadt verlassen. Sie ist ein

Scheusal, und ich kann nur hoffen, dass sie im Gefängnis für ihre Taten büßt.«

»Aha ... Und woher wissen Sie das so genau?«

»Ihr fehlt jede moralische Richtschnur, und statt die Tiere ihrer Klienten nach höchsten Standards auszubilden, versucht sie lieber, andere Trainer bei Wettbewerben zu schwächen.«

»Anscheinend sind Sie aus beruflichen Gründen schlecht auf sie zu sprechen. Können Sie beweisen, dass Ms Garcia Ihren Hund entführt hat – wie heißt er eigentlich?«

»Er heißt Prince Albert Von Queen Victoria In Einer Dose Konserviert.«

›Waaaaas? Soll das ein Witz sein, Atticus?‹

Ich glaube, das ist seine Art von Humor, denn er wartet offenbar auf eine Reaktion von mir. Den Gefallen werde ich ihm allerdings nicht tun.

»Und nein, ich kann es nicht beweisen.« Mr Petrie schnaubte leicht, als ihm Atticus das erhoffte Lächeln schuldig blieb. »Dafür gibt es schließlich Ermittler. Ich bringe nur zum Ausdruck, was ich weiß. Und ich weiß, dass Julia Garcia das Böse in Menschengestalt ist.«

Ich prustete ungläubig, und er richtete stirnrunzelnd den Blick auf mich, als ich den Kopf schüttelte. Wie kam er dazu, jemand anders als das Böse in Menschengestalt zu bezeichnen, wenn er sich selber wie ein Disney-Schurke kleidete?

Als er gerade zu einer Bemerkung über mich ansetzen wollte, schnitt ihm Atticus das Wort ab. »Wissen Sie, ob Ms Garcia außer dem prämierten Italienischen Windspiel noch andere Hunde hat?«

Gordon konzentrierte sich wieder auf Atticus und merkte, dass die Visitenkarte noch immer zwischen ihnen schwebte. »Früher hatte sie zwei weitere. Ob das noch zutrifft, entzieht sich meiner Kenntnis.«

»Und woher wissen Sie, dass sie die Stadt verlassen hat?«

»Detective Ibarra hat mich davon in Kenntnis gesetzt und sich erkundigt, ob mir bekannt ist, wo sie sich aufhält. Die Antwort lautet Nein. Ich habe keine Ahnung.«

»Vielen Dank, dass Sie sich die Zeit genommen haben. Bitte rufen Sie mich an, falls Ihnen noch was einfällt.« Atticus hielt ihm die Visitenkarte direkt unter die Augen und ließ sie auf den Boden fallen, als er sich abwandte. »Kommt, Hunde.«

Wir trabten ihm nach. Aus dem Augenwinkel beobachtete ich, dass Gordon die Karte zertrat, als wäre sie eine Spinne. ›Dem Kerl trau ich nicht über den Weg, Atticus.‹

Ich auch nicht. Und für Starbuck gilt wohl das Gleiche.

›Ich erklär dir jetzt mal, wie ich das sehe. Also, kann schon sein, dass Julia Garcia das Böse in Menschengestalt ist. Das ist nicht auszuschließen, weil wir sie noch nicht kennengelernt haben. Aber Gordon Petrie kennen wir jetzt, und er ist so der Typ, der einen Keller mit haufenweise Plastikverschalung an den Wänden und am Boden hat. Weißt du, was ich meine?‹

Ich weiß genau, was du meinst.

›Der Typ hat einfach keine Seele – ist dir das auch aufgefallen? Dem traue ich sogar zu, dass Blumenkohl sein Lieblingsgericht ist! Wahrscheinlich ist er selbst der Entführer. Man zieht doch nicht ohne Grund so über jemanden her. Oder doch? Was sagt die menschliche Perspektive?‹

Ich wette, dass in der Vergangenheit was zwischen den beiden vorgefallen ist. Entweder waren sie mal zusammen, oder er wollte was von Julia, und sie hat ihm einen Korb gegeben. Irgendwas in der Art. Er benimmt sich, als wäre er nicht aus beruflichen, sondern aus privaten Gründen schlecht auf sie zu sprechen.

›Klar. Was ich nicht verstehe, sind seine Hunde. Ich meine, wir haben sie doch vorhin gehört, als du nach ihm gerufen hast, und danach kam kein Mucks mehr. Hast du gesehen, welche Rasse sie sind?‹

Nein.

›Also, pass auf. Ich bin mir nicht sicher, aber einer von ihnen klang irgendwie nach einem Pudel. Was ist, wenn er Jack und die anderen da hinten in seinem Garten versteckt hat?‹

Hmm. Das ist natürlich weit hergeholt. Trotzdem sollten wir das nachprüfen.

›Auf jeden Fall.‹

Gut, ich tarne mich kurz, verwandle mich in eine Eule und fliege rüber, damit ich mir das anschauen kann. Davor suchen wir noch ein gemütliches Plätzchen für dich und Starbuck.

Atticus band uns lose an einen Außentisch vor einem Café, damit alle Passanten annahmen, dass er drinnen war und bald wieder rauskommen würde. Als keiner hersah, verschwand er und zog sich aus. Nachdem er seine Sachen auf einen Stuhl bei unserem Tisch gelegt hatte, löste er die Tarnung von ihnen und bat mich, sie zu bewachen. Schließlich nahm er Eulengestalt an und flog mit einem kurzen Schrei los.

Starbuck und ich wurden ausgiebig von Besuchern des Cafés getätschelt, und die Zeit verging wie im Flug. Jedenfalls schien nicht besonders viel davon verstrichen zu sein, bis ich Atticus' leicht gedämpfte Tierstimme in meinem Kopf hörte.

›Kein Pudel, Oberon. Er hat zwei Hunde, die er da hinten im Garten trainiert. Beides Blaue Irische Terrier. Wahre Prachtexemplare. Trotzdem eine gute Idee, sich zu vergewissern und bestimmte Möglichkeiten auszuschließen. Ich komm jetzt zurück.‹

›Hmm. Nach Julia Garcia zu suchen wäre wohl reine Zeitverschwendung, oder? Ich meine, Detective Ibarra ist da ja schon dran und sagt, dass sie die Stadt verlassen hat.‹

›Sehe ich auch so.‹

›Das heißt also, dass wir als Nächstes die Leute aus dem Onlineforum unter die Lupe nehmen sollten, richtig? Vielleicht vor allem Trainer mit Veterinärerfahrung.‹

›Klingt nach einem soliden Plan. Aber wenn's dir nichts ausmacht, würde ich mich gern zuerst mit Earnest und Algy in Eugene treffen. Ich möchte ihn nach Veritys Freunden im Forum fragen und ihn vielleicht dazu bewegen, dass er mich engagiert, nachdem ich das ja schon überall rumerzählt habe.‹

›Gute Idee! Hoffentlich hat Algy heute Lust zum Spielen.‹

6

Ein dreistes Manöver mit Englischen Settern

Als wir den Hundepark in Eugene betraten, setzte Atticus die Akkus in seine Handys ein und rief Earnest an. Bis er da war, meinte Atticus zu mir, konnten wir uns einfach ein bisschen vergnügen. Das ließ ich mir nicht zweimal sagen. Starbuck und ich spielten mit einem grellgelben Labrador unter den Augen eines kläffenden Zwergspitzes, der uns wegen unserer Ausgelassenheit kritisierte. So ist es immer bei diesen Spielzeugrassen, weil sie mit ihren kurzen Stummelbeinen nichts anderes können, als auf einen menschlichen Schoß zu springen und dort herumzusitzen.

Kurz darauf tauchte auch Algernon auf und war viel besser drauf als bei unserer ersten Begegnung. Er prallte gleich voll mit uns zusammen, und wir verknäuelten uns zu einem wilden altmodischen Hundekuddelmuddel. Starbuck mischte tollkühn mit, obwohl er bloß halb so groß war. Das Gebalge mit Algy machte unglaublich Spaß, da er jetzt nicht mehr darauf aus war, mir die Kehle zu zerfetzen. Der Zwergspitz gab sich empört darüber, dass wir so übermütig und ungehemmt herumtollten.

Dann hörte ich ziemlich schnell wieder auf, weil ich Earnest keine Angst einjagen und Atticus' Fragen an ihn nicht verpassen wollte. Die anderen Hunde hingegen waren noch nicht fertig. Sie glaubten, dass mir der Sinn nach einer Hetzjagd stand, und waren gern bereit, mir diesen Wunsch zu erfüllen. Als ich mich von ihnen löste und zu Atticus und Earnest hinübertrottete, zwickten sie mich in die Hinterbeine, und ich musste beschleunigen. Kurz darauf rannten wir alle im Kreis um die sprechenden Menschen, und bei allen zornigen Dachsmurmeln, ich hatte keine Ahnung, wie nervig Zwergspitze sein konnten, wenn sie sich so furchtbar aufregten wie der hier.

Atticus erzählte gerade, wie wir Verity und Starbuck entdeckt hatten, also war mir offenbar nichts entgangen. Nach ein paar tausend Runden wurden der gelbe Labrador und der Zwergspitz von ihren Besitzern gerufen, und nur noch ich, Algy und Starbuck waren übrig. Wir ließen uns in einem Dreieck an gleich weit voneinander entfernten Punkten um unsere Menschen nieder, damit wir uns hechelnd ein bisschen ausruhen und Kräfte für die nächsten Kapriolen sammeln konnten.

Wie sich herausstellte, gingen sie nicht von uns aus. Starbuck reagierte bloß. Zwei Englische Setter schossen nämlich an uns vorbei auf den gelben Labrador zu, und Earnest sagte: »Hey, da sind ja Mr Darcy und Elizabeth.« Er schaute über die Schulter und winkte einer Frau zu, die vom Parkplatz herüberjoggte. Es war die mit den Streifen an den Beinen, bloß dass sie diesmal keine hatte. Allerdings war ich mir ziemlich sicher, dass sie weiter eine Hugenottin war, was auch immer das war, und ihr Haar passte noch immer nicht zu den Augenbrauen. »Hallo, Tracie.«

»Hallo, Jungs!«, rief sie aus der Ferne.

Während sie sich näherte, wandte sich Earnest mit gesenkter Stimme an Atticus. »Ich hab sie eingeladen, damit sie hört, was passiert ist. Ich hoffe, es macht dir nichts aus.«

Atticus zuckte die Achseln. »Überhaupt nicht.«

Sobald Tracie auf Riechweite war, brach Starbuck in wildes Bellen aus, was mich an den Zwergspitz vorhin erinnerte – bloß dass er regelrecht entfesselt wirkte, ungefähr so wie Imhoteps Kiefer in *Die Mumie*. Seine Lefzen schoben sich zurück und zeigten ein Maximum an Zähnen, und auch seinem Bellen war anzuhören, dass er wirklich aufgebracht war. Bei Hunden gibt es einen klaren Unterschied zwischen bloßem Revierinstinkt – *Hey, das gehört mir* – und bedingungsloser Kampfbereitschaft – *Noch einen Schritt näher, und ich kau dir das Fett vom Arm und das Fleisch von der Wange*. Starbuck schien kurz davor, Tracie ins Gesicht zu springen, und sie bremste lieber ab.

Atticus beeilte sich, ihn zu beruhigen. »Na, na, Starbuck, was hast du denn?« Er kniete sich hin und hakte einen Finger unter das Halsband.

»Starbuck?« Tracies Stimme zitterte leicht.

»Ja, kennst du ihn?«

»Ähm, nein.« Starbuck bellte noch immer heftig, und sie konnte sich kaum verständlich machen. »Einfach ein cooler Name, das ist alles.«

»Kennst du ihn wirklich nicht? Er hat Verity in Portland gehört.«

»Das ist Veritys Boston Terrier?«

»Ja.« Über die mentale Verbindung wandte sich Atticus an mich. *Oberon, Starbuck ist sich sicher, dass Tracie den Pfeil auf Verity geschossen und sie getötet hat, ob absichtlich oder nicht. Er hat ihren Geruch wiedererkannt. Deswegen führt er sich so auf.*

›Drei Sorten Katzenkacke! Soll ich sie packen?‹

Nein! Im Gegensatz zu mir wird sich kein menschliches Gericht auf Starbucks Nase verlassen. Wir brauchen Beweise, damit die Polizei sie offiziell verhaften kann.

›Und woher nehmen wir die Beweise?‹

Schätzungsweise wird sie bald gehen, damit Starbuck sich wieder beruhigt. Dann bleibst du ihr auf den Fersen und hörst gut zu. Vielleicht sagt sie vor lauter Aufregung was Brauchbares. Ich überleg mir inzwischen, was wir sonst noch machen können. Wenn sie die anderen Hunde entführt hat, müssen wir rausfinden, wo sie sie versteckt.

›Alles klar.‹

Atticus hielt Starbuck fest und entschuldigte sich bei Tracie für sein Benehmen. »Tut mir wirklich leid.« Auch er musste die Stimme heben, um das Bellen zu übertönen. »Er ist aufgewühlt, so wie Algernon gestern. Verity ist nämlich tot.«

»*Tot?*« Ihre Hand flog zum Mund. Das passiert bei Menschen öfter, wenn sie am liebsten *Scheiße!* rufen würden, aber es nicht für angemessen halten. Und vielleicht war ihre Überraschung sogar echt. Möglicherweise hatte sie den Pfeil aus Panik abgeschossen und das Haus in der Annahme verlassen, dass Verity bloß schlief und am nächsten Morgen ohne ernste Schäden wieder aufwachen würde.

»Ja«, erwiderte Atticus. »Man hat sie in ihrem Haus gefunden. Sie hatte genauso einen Pfeil im Körper stecken wie Algy.«

»O Gott. Aber war das nicht ein Betäubungsmittel? Daran stirbt man doch nicht!«

Mein Druide zuckte die Achseln. »Der Obduktionsbericht liegt noch nicht vor. Auf jeden Fall schaut sich die Polizei diese Hundeentführungen jetzt viel genauer an, weil ein Mord im Spiel sein könnte.«

»Meine Güte, wie schrecklich. Ich … ich muss schon wieder los. Tut mir leid. Die arme Verity.« Mit Tränen in den Augen wandte sie sich ab und stapfte zurück zum Parkplatz. Sie rief ihre Hunde, die kaum Zeit zum Spielen gehabt hatten, und Earnest brüllte ihr nach, dass er sie später anrufen würde.

Okay, Kumpel, du bist dran. Atticus nickte mir zu, ohne Starbuck loszulassen.

Ich tänzelte Tracie nach, und sie bemerkte mich gar nicht, weil ihre Englischen Setter hinter ihr hergaloppierten. Sie schaute sich nicht einmal um, sondern zog nur ihr Telefon heraus und tippte ein paarmal aufs Display, bevor sie es ans Ohr drückte. Ihre Hunde blieben cool und beschnupperten mich beim Gehen, auch wenn ich im Moment kein Interesse an ihnen hatte. Nach einer Weile meldete sich anscheinend jemand am anderen Ende, und ich war ganz Ohr.

»Mary, hör zu. Du musst unbedingt den Pudel verschwinden lassen – nein, eigentlich sogar alle. *Sofort.* Sonst könnte ich mit was Schrecklichem in Verbindung gebracht werden.« Nach einer kurzen Unterbrechung fuhr sie fort. »Das kann ich dir am Telefon nicht sagen, aber glaub mir, es ist ein Riesenproblem. Also, geht das klar?« Mit zerknautschtem Gesicht nahm sie die Antwort entgegen.

Ich brachte Atticus auf den neuesten Stand. ›Sie telefoniert mit einer Mary und fordert sie auf, den Pudel und die anderen verschwinden zu lassen!‹

Dann müssen wir Mary aufstöbern.

Tracie redete wieder und wischte sich dabei Tränen von der Wange. »Clive hat ihn? Und wann kommt er zurück?« Sie wartete die Antwort ab und hakte nach: »*Wie* spät?«

Atticus flüsterte mir im Kopf eine Idee zu: *Oberon, kannst du dir das Handy schnappen, aber ohne sie zu kratzen oder zu beißen? Dann finden wir vielleicht raus, mit wem sie redet, und können die Hunde retten.*

›Darf ich sie umschmeißen oder einfach rammen?‹

Ja. Mach es so, dass es nach einem Unfall aussieht. Du packst das Telefon, als würdest du was apportieren.

›Alles klar!‹

»Dann soll er es auf jeden Fall machen, sobald er zurückkommt. Ihr dürft nicht bis morgen damit warten«, zischte Tracie aufgeregt.

Ich war froh, dass ich die Englischen Setter gerade im Nacken hatte, denn so konnte ich – oder vielmehr Atticus – alles auf sie schieben. Ich wirbelte herum, biss einen von ihnen kurz ins Ohr und bellte einmal, damit sie richtig wild wurden. Dann krachte ich mit zwei schnellen Sätzen von hinten gegen Tracie, und der Spaß begann.

Wenn man einen Menschen von den Beinen holt, kann man ziemlich gut vorhersagen, wie er sich verhält. Haut man ihm die Pfoten mitten auf den Rücken, fällt er nach vorn und fängt den Sturz mit den Händen ab. Das wollte ich nicht, weil sie dann sehr wahrscheinlich auf dem Handy gelandet wäre. Wenn man es hingegen schafft, dass der Mensch nach hinten stürzt und mindestens ein Arm erhoben ist – wie bei Tracie, die das Handy ans Ohr hielt –, dann wird er vor Schreck unwillkürlich mit den Armen rudern, bevor er sie nach unten Richtung Boden reißt, damit er sich nicht den Kopf anschlägt. Als ich ihr die Beine wegfegte und sie mit einem leisen Schrei nach hinten kippte, endete das Gespräch, und die Reflexe übernahmen. Die Arme flogen nach oben, und das Telefon segelte in einem Bogen aus ihrer Hand. Nein – wie hieß dieses Mathewort gleich wieder? – in einer Parabel! Ich durfte nicht vergessen, Atticus dafür später um ein Leckerli zu bitten. Sie spreizte die Finger, um den Aufprall abzumildern, und landete tatsächlich noch vor dem Handy auf ihrem Hintern. Es steckte in so einer Plastikhülle – eine sehr vernünftige Schutzvorrichtung, wie ich fand –, und ich sprang los, verfolgt von ihren Englischen Settern. Mühelos pflügte ich mich zwischen ihnen durch und hob das Telefon mit den Lippen auf. Ich hörte eine leise, blecherne Stimme – »Tracie? Was ist denn auf einmal?« –, als ich mit voller Geschwindigkeit auf Atticus zuspurtete.

Die Setter waren jetzt ganz wild und jagten mir laut bellend nach. Das war ideal, denn genau das bemerkte Tracie als Erstes, als sie sich hochrappelte. So musste sie annehmen, dass ihre Hunde für den »Unfall« verantwortlich waren, und konnte sich deshalb nicht über meine schlechte Erziehung beschweren.

»Verdammt!«, rief sie. »Mr Darcy! Elizabeth! Kommt sofort her!«

›Im Anmarsch, Atticus! Ich lass es einfach fallen und renne weiter‹, warnte ich ihn. ›Ein Typ namens Clive hat den Pudel Jack gerade und kehrt erst heute Abend zurück. Tracie hat Mary eingeschärft, dass Clive die Hunde loswerden muss, sobald er heimkommt.‹

Atticus kauerte sich hin und sicherte weiter mit der rechten Hand den wild tobenden Starbuck. Ich zielte links neben meinen Druiden und spuckte das Telefon im Vorbeisausen aus. Er fing es in der Luft auf, und die Englischen Setter hetzten einfach weiter, mir nach. Angestachelt von dem Aufruhr, heftete sich nun auch Algernon bellend an unsere Fersen. Während der fröhlichen Jagd brachte mich Atticus auf den letzten Stand.

Uah, überall Sabber. Aber immer noch entriegelt und betriebsbereit, ganze Arbeit. Also, schauen wir mal. Gespräch beendet, Nummer hab ich, jetzt auf Kontakte … ja. Da haben wir sie, Mary Yarbrough, Adresse in Arkansas. Hervorragend. Gut, jetzt kannst du die Hunde wieder zurücklotsen, und dann machen wir uns an die Rettung der Entführten. Dein Lendenstück winkt, Kumpel.

›Ay-ay, schon auf dem Rückweg, Sir! Und du hast vorhin von Lendenstück*en* gesprochen, das heißt mehr als eins.‹

Ich schlug allmählich einen Bogen, die Englischen Setter wetzten bellend hinter mir drein.

Atticus warf Earnest das Telefon zu, damit er es Tracie zurückgeben konnte, die sich bereits näherte. Starbuck fing sofort wieder an, vor Wut und Empörung zu schäumen.

»Tut mir wirklich leid«, rief ihr Atticus zu. »Hoffentlich ist dir nichts passiert. Dein Handy funktioniert noch, ist bloß ein bisschen vollgesabbert. Aber dein Gespräch wurde beendet.«

Ohne zu antworten, riss sie Earnest das Telefon aus der Hand und warf einen bösen Blick in meine Richtung. Ich stoppte, und die Setter waren drauf und dran, sich in eine wilde Balgerei mit mir zu stürzen. Doch Tracie rief sie zu sich, und sie folgten. Verständlich, schließlich gab sie ihnen ihr Futter. Während sie sich entfernte, tatschte ich mit der Pfote ein bisschen nach Algy, zum Beweis, dass ich bloß ein ungestümer Hund ohne detektivische Ambitionen war, und er boxte fröhlich zurück. Selbst wenn sie sich geärgert hatte, was hätte sie schon unternehmen können? Außerdem hatte sie sicher andere Dinge im Kopf – zum Beispiel musste sie Zeug verstecken oder vernichten.

Als sie mit ihren Hunden davonmarschierte, trottete ich zu meinem Druiden und Starbuck. ›Atticus, wenn wir beweisen wollen, dass sie es war, brauchen wir wahrscheinlich die Mordwaffe. Wie kommen wir denn an die ran?‹

Wir packen das anders an. Wir hetzen ihr die Polizei auf den Hals, während wir in Arkansas die Hunde befreien. Vorher muss ich mir bloß noch überlegen, wie wir das alles regeln, ohne dass wieder zeitliche Ungereimtheiten auftreten. Sobald sich Starbuck beruhigt hat, verabschiede ich mich von Earnest, und dann kann's losgehen.

Mit Earnest gab es keine Probleme. Atticus erklärte ihm, dass ihm gerade eingefallen war, wie er Jack vielleicht aufspüren konnte. »Außerdem wollte ich dich fragen, ob du mich für ein Honorar von einem Dollar engagieren könntest. Damit ich sagen kann, dass du mein Klient bist und dass ich in deinem Auftrag arbeite.«

Earnest blinzelte. »Klar. Ich meine, wenn du Jack zurückbringst, dann geb ich dir gern auch tausend.«

»Super. Wir sprechen uns bald wieder. Ach, und noch was. Hat Jack einen Mikrochip, sodass ihn ein Tierarzt eindeutig identifizieren kann?«

»Natürlich. Das ist mittlerweile Standard.«

»Ausgezeichnet.«

Ich bellte Algy zum Abschied zu, als Atticus, Starbuck und ich zum Mietauto trabten.

Beim Verlassen des Parkplatzes rief er Detective Ibarra an. »Hallo, Detective! Wie versprochen habe ich mich der Sache angenommen. Ich bin jetzt tatsächlich in Earnests Auftrag nach der Suche nach seinem Pudel und bei meinen Nachforschungen auf einige Fakten gestoßen. Ich habe keinen Zweifel, dass Tracie Chasseur aus Eugene Verity Boone-Sutcliffe getötet hat. Möglicherweise ist sie in diesem Moment auf dem Weg nach Hause, um die Tatwaffe zu verstecken oder zu vernichten. Wenn Sie gleich Detective Callaghan hinschicken, dann erwischen Sie sie vielleicht dabei.«

»Haben Sie irgendwelche Beweise?«

»Ich habe gerade im Hundepark zufällig gehört, wie sie mit einer gewissen Mary telefoniert hat.« In Wirklichkeit hatte *ich* das Gespräch belauscht, und das konnte später bei einem Gerichtsverfahren zu Komplikationen führen. Jetzt kam es vor allem darauf an, dass er etwas Glaubhaftes vorbrachte. Er schilderte die Unterhaltung und erwähnte auch Tracies Überraschung über die Nachricht von Veritys Tod, die dann zu dem Anruf führte. Außerdem wies er darauf hin, dass sie als Mitglied des regionalen Trainerforums sicher mühelos Betäubungsmittel von mehreren Veterinären beziehen konnte. Zuletzt erklärte er, dass er vorhatte, Nachforschungen zu Marys Identität und Aufenthalt anzustellen, obwohl er diese Informationen natürlich schon besaß.

»Wenn ich rausfinde, wo die Hunde sind, bekommen Sie vielleicht von einem meiner Partner einen Anruf«, sagte er. »Oder von einem Polizeibeamten aus der Gegend. Dann haben Sie was gegen Tracie in der Hand, falls Sie sie wegen Veritys Tod nicht festnageln können.«

Dann musste er einiges davon noch mal wiederholen und den französisch-hugenottischen Namen Chasseur aus dem achtzehnten Jahrhundert buchstabieren. Nachdem ich erfahren hatte, dass sie Hunde entführte, wollte ich lieber keine französischen Bestandteile mehr in meinem vollen Namen haben. Und plötzlich fragte ich mich, warum Algernon sie nicht angebellt hatte wie Starbuck, wenn sie diejenige war, die Jack gestohlen hatte.

Wahrscheinlich hatte sie genau aus diesem Grund auf das Betäubungsgewehr zurückgegriffen: Sie wollte vermeiden, dass er sie später wiedererkannte! Wenn man präparierte Leckerbissen über den Zaun warf, schnupperten die Hunde herum und bekamen dabei unweigerlich einen Hauch von dem Leckerliwerfer ab. Wenn man sie jedoch aus der Ferne außer Gefecht setzte, bestand diese Gefahr nicht. Und das war ihr natürlich wichtig, da sie wusste, dass sie Algy schon am nächsten Tag wieder im Hundepark begegnen würde, wenn sie die mitfühlende Freundin spielte. Das mit dem Gewehr hatte so gut geklappt – viel schneller, weil kein Verdauungssystem beteiligt war –, dass sie sich vornahm, diese Methode auch bei Starbuck anzuwenden. Bloß dass dieser Plan nicht aufgegangen war.

Nachdem Atticus sein Telefonat beendet hatte, fragte ich: ›Wer ist denn dieser Partner von dir, der sie vielleicht anruft?‹

»Ich persönlich an einem weiteren Handy und mit einer falschen Identität. Denn wenn wir nach Arkansas zu diesen Hunden wechseln, kriegt Detective Ibarra wieder Probleme mit dem zeitlichen Ablauf. Deswegen machen wir es so, dass wir die Hunde aufspüren und dann unter einem anderen Namen die örtlichen Behörden verständigen. Die können sie dann rausholen und Tracies Beteiligung nachweisen.«

›Wenn die Hunde in einem anderen Bundesstaat sind, wie kann man dann beweisen, dass sie es war?‹

»Sie hat gerade ein nachverfolgbares Telefongespräch mit der Person geführt, bei der die Hunde sind, und sie aufgefordert, sie verschwinden zu lassen.«

›Ha! Das war mir natürlich klar, Atticus. Wollte dich bloß auf die Probe stellen.‹

Zuerst fuhr Atticus zu einem Drugstore, weil er ein weiteres Handy kaufen wollte. Wichtiger war allerdings die Tüte Dörrfleisch, die er für mich und Starbuck erstand. Damit bestritten wir unser Mittagessen, und er erledigte noch ein paar Sachen, die getan werden mussten, bevor wir mit der Rettung von Jack, Ulysses und Prince Albert Von Queen Victoria In Einer Dose Konserviert beginnen konnten.

7

Lach nie über ein schlechtes Omen

Atticus machte sich ein Sandwich mit Erdnussbutter und Marshmallow-Creme, während er sein neues Handy auflud. Dann suchte er Telefonnummern zusammen, die wir in Arkansas vielleicht brauchen konnten: Polizei, Tierschutzverein, Veterinäre, Steakhäuser. Bevor wir in die Nähe der Adresse wechselten, die er sich beim Studium von Tracies Kontaktliste eingeprägt hatte, entfernte er die Akkus aus allen Telefonen. Mir fiel sofort auf, dass es heißer und feuchter war als in Oregon. Sicher war es nur eine Frage der Zeit, bis wir ins Hecheln kamen, und das war nicht unbedingt günstig, falls wir uns irgendwo anschleichen mussten.

Statt sofort aufzubrechen, kauerte sich mein Druide neben mir nieder und ließ die Hand auf dem Stamm des gebundenen Baums liegen. Er schaute ihn mit einer Miene an, die ich schon kannte, während Starbuck am Boden herumschnüffelte. Bei Bäumen wird Atticus manchmal sentimental. Er meint, sie haben eine ganz eigene Intelligenz und sind kostbar, weil sie noch enger als er an GAIA gebunden sind: der erste und klarste Ausdruck jedes Elementargeistes. Wenn er in diese Stimmung verfällt, ist es am besten, ihn ein wenig darüber reden zu lassen.

›Was ist das für ein Baum?‹, fragte ich.

»Eine Pfahleiche.« Seine leisen Worte hallten durch den stillen Wald.

Wir befanden uns hoch oben auf einer Art Kamm. Über uns erstreckte sich strahlend blau der Himmel, und unter uns bildeten die Baumwipfel einen ununterbrochenen Teppich. Weit und breit waren keine menschlichen Gebäude zu erkennen. Anscheinend stand uns ein längerer Weg bevor.

»Ich war schon lange nicht mehr hier.« Atticus flüsterte beinah, und seine Stimme war erfüllt von Trauer. »Dieser Baum hat fast das Ende seines Lebens erreicht. Als ich ihn verknüpft habe, war er noch ein Schössling. Alle anderen hier sind gestorben. Ihre Bande sind zerrissen, die feeischen Waldläufer haben nichts erneuert. Für unseren nächsten Besuch in der Gegend muss ich einen anderen mit Tír na nÓg verknüpfen.«

›Wo genau sind wir eigentlich?‹

»In der Black Fork Mountain Wilderness in der Nähe der Grenze von Arkansas zu Oklahoma. Im Moment sind wir direkt auf dem Black Fork Mountain. Hier gibt es große Katzen, Oberon, und auch Schwarzbären. Halt also lieber Augen und Ohren offen.«

›Bären? Echt jetzt?‹ Ich hielt in den Bäumen um uns nach beunruhigenden bärenartigen Gestalten Ausschau.

»Ganz echt. Der Baum hier ist dem Ort, wo wir hinmüssen, am nächsten. Ungefähr zehn Kilometer bergab liegt das Städtchen Mena. Das Haus, nach dem wir suchen, steht ein wenig außerhalb und allein.«

›Warum bringen die die Hunde ausgerechnet dorthin?‹

»Weil es abgelegen ist. Außerdem können sie von dort ihre Deckdienste in vier verschiedenen Bundesstaaten anbieten. In ein paar Stunden sind sie in Hot Springs oder in Little Rock, oder sie fahren in westlicher Richtung nach Tulsa und Oklahoma City, und selbst Dallas und Shreveport sind ohne große Mühe erreichbar. Du erinnerst dich doch, wie du gehört hast, dass Clive mit Jack heute Abend erst spät zurückkommen wird. Vielleicht wurde er schon als Deckhund eingesetzt.«

›Hmm. Dann haben wir hier eine Situation wie in *The Cabin in the Woods*? Betreten wir bald so was wie die Geisterschlucht oder den Totenweg?‹

»Nein, nichts in der Art.«

Trotzdem war da was, das witterte ich an der unmerklichen Pause, die er vor seiner Antwort gemacht hatte. ›Wie heißt die Straße, an der das Haus liegt? Lügen ist zwecklos, ich merke es sowieso.‹

Atticus seufzte. »Es ist bloß ein Name, Oberon. Versprich mir, dass du nicht ausflippst.«

›Warum? Ist es die *Straße der Dämonischen Chihuahuas* oder so was?‹

»Sie heißt Große-Bären-Straße.«

›GROSSE-BÄREN-STRASSE? Atticus, das ist das schlechteste Omen, das man sich vorstellen kann! Praktisch der Inbegriff eines schlechten Omens!‹

»Reiner Zufall. Die haben das Anwesen bestimmt nicht in der Absicht gekauft, Hundedetektive und ihre Druiden abzuschrecken.«

›Wenn sie nicht wissen, wer die Fäden ihres Schicksals zieht, heißt das noch lange nicht, dass ich es ignorieren muss! Die Botschaft ist laut und deutlich bei mir angekommen! Das ist eine Todesfalle, Atticus! Die armen Hunde sind wahrscheinlich schon Frühstück für Bären!‹

»Würde es dir helfen, wenn ich Kontakt zum örtlichen Elementargeist aufnehme und ihn frage, wo die Bären gerade sind?«

›Frag auch gleich, wie viele es sind und ob sie Hunger haben und ob sie schlafen und ob sie Jack schon gefressen haben!‹

Schnaubend schüttelte er den Kopf, wie er es immer macht, wenn er mein Benehmen albern findet. »Ich schau mal, was ich rausfinden kann.«

Während er beschäftigt war, hielt ich die Nase in die Luft. Ich roch nichts besonders Bärenhaftes. Eine sanfte Brise trug das Aroma von Eichen und Blättern und den leicht bitteren Hauch eines frechen Eichhörnchens heran. Starbuck tapste herum und weckte das besagte Eichhörnchen auf. Als es empört zu schnattern begann, bellte er zurück. Sobald er ausreichende Sprachkenntnisse besaß, musste ich ihm unbedingt Hesekiel 25:17 beibringen, damit wir gemeinsam den *Kompletten Jules* aufführen konnten.

Plötzlich brach Starbucks Bellen mit einem leisen Wimmern ab, und er schaute meinen Druiden an. Anscheinend hatte ihm Atticus befohlen, still zu sein.

»In der Nähe ist ein Bär«, flüsterte er. »Er hat geschlafen. Jetzt ist er wach.«

›Das hat uns nur das Eichhörnchen eingebrockt!‹

»Oder Starbuck.«

›Das Eichhörnchen hat ihn dazu gebracht, dass er bellt! Die oberste Grundregel im Tierreich lautet, dass immer die Eichhörnchen schuld sind, Atticus!‹

»Alles halb so schlimm. Denke ich jedenfalls. Er ist hinter uns. Wir steigen einfach runter. Vor uns sind keine Bären. Und ihr beide seid jetzt bitte leise und lasst die Eichhörnchen in Ruhe.«

Bergab rannten wir nicht unbedingt, aber ein gemütliches Zockeln war es auch nicht. Starbuck und ich machten nur ganz kurze Pausen an einigen Bäumen, nahmen dabei die Witterung des Bären auf und pinkelten sie an – wir begriffen das als freudige Pflicht.

Laut Atticus war es inzwischen mittlerer Nachmittag. Die Fahrt nach Eugene und die diversen Besorgungen hatten fast den ganzen Vormittag beansprucht, und weil Arkansas in einer späteren Zeitzone lag als Oregon, war es nicht mehr lang bis zum Sonnenuntergang. Schon auf halber Strecke kamen Starbuck und ich ins Hecheln, denn es war ziemlich heiß. Auch Atticus hatte Schweißtropfen im Gesicht.

Als wir den Fuß des Bergs erreichten, erstreckten sich vor uns sanfte, mit verschiedenen Laubbäumen bewachsene Hügel, die von menschlichen Straßen durchschnitten wurden.

Atticus hielt am Rand einer grünen Weide, solange wir noch im Baumschatten waren. In der Ferne bemerkte ich ein niedriges Haus und andere menschliche Sachen, die alle nicht von großem Wohlstand zeugten. Eigentlich wirkte alles ziemlich heruntergekommen. Die Leute, die dort wohnten, ernährten sich wahrscheinlich von gefrorenen Burritos und Käsepasta aus der Schachtel. Atticus meinte, dass solche Menschen immer von Skorbut bedroht waren, weil sie nie genug frisches Obst und Gemüse bekamen.

Bei so einer schönen Weide hätte man eigentlich mit einer Kuh, einer Ziege oder vielleicht ein paar Schafen gerechnet, doch wir sahen nicht einmal ein Huhn.

»Das da vorn ist es. Bis zum Sonnenuntergang haben wir noch eine Stunde. Wie geht's euch beiden?«

›Mir geht's gut. Fürs Erste wenigstens. Was ist mit Starbuck?‹

Atticus brauchte ein bisschen, bis er die Antwort hatte. »Anscheinend ist auch bei ihm alles in Ordnung. Ihr bleibt erst mal hier, das ist wichtig.« Atticus zog sich aus. »Pass bitte wieder auf meine Sachen auf, Oberon. Ich peile kurz die Lage. Du kannst erst mal nicht mitkommen, weil die Hunde sonst zu bellen anfangen, falls sie wirklich dort sind, und das möchte ich nicht. Ich halte dich über unsere mentale Verbindung auf dem Laufenden. Ruht euch ein bisschen aus, danach entscheiden wir, wie wir weiter vorgehen.«

Er faltete die Klamotten zusammen und nahm alle Handys heraus. Zwei ließ er unter dem Hemd liegen, nur in das neueste steckte er den Akku und schaltete es ein. Nun verwandelte er sich in einen Virginia-Uhu und erschreckte damit den armen Starbuck, da er nicht getarnt war. Dann flog er mit dem einsatzbereiten Telefon in den Krallen weg.

Das war ein guter Plan, denn als fliegende Eule war Atticus ganz leise, und es war nicht besonders wahrscheinlich, dass die Hunde seine Witterung aufnahmen. Für einen Menschen ist er wirklich schlau.

Er kreiste zweimal um das Haus und landete schließlich auf dem Dach. Vom Rand der Weide aus konnten wir ihn gut erkennen.

›Ich sehe die Hunde‹, meldete er in meinem Kopf. Wie immer klang seine Stimme wegen der Tiergestalt leicht verändert. ›Da ist ein Bretonischer Spaniel, ein Airedale, eine Französische Bulldogge und ein Italienisches Windspiel. Und noch zwei andere. Alles Rüden. Ah, da ist ja auch Prinz Albert.‹

›Kein Pudel?‹

›Nein. Wahrscheinlich ist Jack noch irgendwo mit Clive unterwegs.‹

›Geht es ihnen allen gut?‹

›Einigermaßen. Äußerlich sind sie unversehrt. Trotzdem nicht gerade glücklich. Sie hocken voneinander getrennt in eingezäunten Zwingern auf nacktem Beton. So ähnlich wie in einem Tierheim. Sie können nicht frei rumlaufen. Sie wirken ziemlich deprimiert.‹

›Ist jemand zu Hause?‹

›Das überprüfe ich gleich. Zuerst ruf ich mal bei der Polizei an und erkläre den Beamten, dass sie sich mit Detective Gabriela Ibarra in Verbindung setzen sollen, weil diese Hunde im Zusammenhang mit einem Mord in Portland gesucht werden. Außerdem brauchen wir einen Veterinär mit einem Chip-Lesegerät, damit wir die Hunde identifizieren können.‹

›Klar! Mit welchem Namen wirst du dich ihnen vorstellen?‹

›Ich denke da an Scott Fitzgerald. Ich wette, dass denen *Der große Gatsby* kein Begriff ist.‹

›Ist das diese Story mit den reichen Leuten, wo die Frau einen Hund adoptiert und sie dann überfahren wird, ohne dass wir erfahren, was aus dem Hund geworden ist?‹

›Ja, genau.‹

›Das schlechteste Buch aller Zeiten.‹

Atticus verwandelte sich oben auf dem Dach zurück in seine menschliche Gestalt und klaubte schnell das Handy auf, bevor es runterfallen konnte. Normalerweise hätte ein nackter Typ auf dem Dach sicher für Aufsehen gesorgt, doch in dieser abgeschiedenen, baumreichen und bergigen Gegend waren wir Hunde die Einzigen, die ihn bemerkten. Er tippte ein paar Zahlen ein und redete eine Weile. Die Sonne näherte sich immer mehr dem Horizont, und die Luft wurde allmählich frischer. Starbuck döste ein. Ich blieb wach, weil mir die Rettung der Hunde so am Herzen lag. Immerhin standen ganze *Lendenstücke* auf dem Spiel.

Endlich ließ Atticus das Telefon sinken und berichtete. *Die Polizei ist informiert und wird nach Rücksprache mit Detective Ibarra irgendwann hier aufkreuzen. Inzwischen schau ich mich mal im Haus um. Ich gehe getarnt rein. Ihr könnt euch inzwischen in einem Bogen nähern, aber bleibt in Deckung. Sobald ein Auto kommt, gibst du mir Bescheid.*

›Roger!‹ Ich drehte mich um, weil ich Starbuck wecken wollte. In diesem Moment blickte er plötzlich prustend auf. Sicherlich hatte Atticus auch ihn angesprochen und ihm alles erklärt.

So leise wie nur möglich krochen wir am Rand der Weide entlang in Richtung der ominösen Große-Bären-Straße. Mit der Gewandtheit von Katzen, hätte man sagen können, allerdings ohne die Neigung zum Miauen und zum Vergraben analer Hinterlassenschaften im Sand.

Dank seiner Tarnung verschwand Atticus nun vom Dach und brachte mich kurz darauf auf den neuesten Stand. *Bin jetzt drinnen. Eine Frau ist hier, wahrscheinlich Mary. Älter als Tracie. Ziemlich verhärmt. Anscheinend hat sie es um einiges schwerer als die Hunde draußen. Starke Anzeichen dafür, dass Clive ein prügelnder Armleuchter ist.*

›Du meinst, er ist gewalttätig?‹

Mit Sicherheit.

›Wir können die Hunde nicht dort lassen. Wir stürmen die Bude und befreien sie!‹

Wenn wir das machen, stehen wir im Mittelpunkt der Ermittlungen. Wir müssen abwarten, bis die Polizei eintrifft und feststellt, dass diese Hunde alle jemand anders gehören. Dann sind Clive, Mary und Tracie fällig.

›Kann es nicht sein, dass Clive noch vor der Polizei ankommt und Mary ihn auffordert, die Hunde verschwinden zu lassen?‹

In dem Fall greifen wir natürlich sofort ein.

›Und wenn Mary ihn schon angerufen hat, damit er Jack loswird?‹

Wir können nur hoffen, dass es nicht so ist. Das Beste ist im Moment für uns, dass wir warten.

›Ich hasse Warten. Da bin ich wie Inigo Montoya.‹

Ich sehe Fotos an den Wänden, erzählte Atticus. *Mary und Tracie, als sie noch jünger waren. Wahrscheinlich sind sie Schwestern oder zumindest Cousinen.*

›Ahhh. Dann hat Tracie das alles nur für ihre Schwester getan. Mary hat Probleme mit Clive, und Tracie hatte die Idee, dass sie ihr mit diesen Bespringtaxen aus der Patsche helfen kann …‹

Decktaxen, Oberon. Bleiben wir beim richtigen Ausdruck.

›Genau, entschuldige. Menschen streiten sich ja oft um Geld. Da hat sich Tracie einfach überlegt, wenn sie Mary diese ganze Deckkohle zuschanzt, ist Clive vielleicht ein bisschen netter zu ihr.‹

Kann gut sein, dass sie es sich so vorgestellt hat, ja.

Wir ließen uns bei einer Gruppe von Eichen nieder und behielten die Straße im Auge. Bald verließ Atticus das Haus, legte die Tarnung ab und verwandelte sich in einen Hund. Das machte mich und Starbuck total glücklich. Jetzt waren wir einfach drei Artgenossen, die sich beim Sonnenuntergang im Schatten ausruhten und darauf vorbereiteten, die Entführungsopfer in dem Haus herauszupauken. Sie befanden sich unter einem Dach, das im Grunde, so Atticus, nichts anderes war als eine große Veranda.

Nachdem die Sonne untergegangen war, erhob sich der fast volle Mond hell schimmernd an einem wolkenlosen Himmel, der Ähnlichkeit mit schwimmenden Salzkristallen auf einer kräftigen Rinderbrühe hatte. Das Wetter war schöner als in Eugene, wo es dicht bewölkt und ein wenig kalt gewesen war.

Nach einer Weile kündigte ein fernes Grollen ein Fahrzeug der einen oder anderen Art an, und ich hoffte, dass es die Polizei war. Leider erkannten wir schon bald einen lauten, stinkenden Pick-up, wie sie immer bei Footballspielen beworben werden von Typen, die mit tiefer Stimme über Drehmoment, Leistung, Zuverlässigkeit und Pferdestärken quasseln, obwohl nie ein Pferd gezeigt wird. Wir kniffen die Augen zusammen gegen die grellen Scheinwerfer, bis wir wieder etwas sahen.

›Das ist wahrscheinlich Clive‹, meinte Atticus mit seiner Hundestimme.

Meine Antwort war fast ein Knurren. ›Ich kann nur hoffen, dass mit Jack alles in Ordnung ist.‹

›Allerdings. Gut, kleine Planänderung. Wenn Clive aussteigt, hat er Jack wahrscheinlich an der Leine. Ich konzentriere mich auf Jack und versuche, ihn dazu zu bringen, dass er mit uns über die Weide davonläuft. Davor schmeißt du Clive um, und Starbuck beißt ihm in die Hand, damit er die Leine loslässt.‹

›Klingt super, aber was ist mit den anderen Hunden?‹

›Mit unserem Manöver wollen wir Clive raus auf die Weide locken. So sind die anderen nicht gefährdet. Wir müssen den Kerl einfach irgendwie hinhalten, bis die Polizei kommt.‹

›Okay, bin dabei.‹

Der Pick-up fuhr an uns vorbei. Atticus löste sich vom Boden und schlich ihm nach. Wir folgten, und sobald der Wagen stand und der Motor hustend abgewürgt war, kauerte sich Atticus dahinter. Inzwischen bellten die anderen Hunde als Reaktion auf den Lärm. Sie wussten, dass jemand gekommen war und ihnen vielleicht Beachtung schenken würde.

›Entweder er lässt Jack auf der Fahrerseite raus, oder er geht vorn rum zur anderen Tür. Das müssen wir abwarten‹, erklärte Atticus.

Das war eine gute Idee, wie sich herausstellte. Clive öffnete die Fahrertür, und ich hörte, wie er mürrisch raunzte: »Bleib sitzen, verdammt!« Er war groß und schlaksig und trug enge Jeans, eine schmutzige alte, tief über das Haar gezogene Truckermütze und Cowboystiefel, die im Straßenkies knirschten. Er zündete sich eine Zigarette an und sog sich das Gift in die Lunge, ehe er es in flaumig weißen Wolken wieder herausblies. Langsam setzte er sich in Bewegung, und wir hielten in sicherem Abstand und geschützt durch die Dunkelheit mit ihm Schritt. Sobald er um die Motorhaube bog und uns den Rücken zukehrte, huschten wir los und verkürzten die Distanz.

Nun riss Clive die Beifahrertür auf und blockierte die Lücke mit dem Körper. Er griff hinein und suchte mit der Hand nach Jacks Leine. Endlich hatte er sie und machte die Tür weit auf. »Komm schon. Raus mit dir.« Ein Prachtexemplar von einem Pudel hüpfte heraus, lockig und stolz und sicher auch erschöpft nach einem ganzen Tag in Clives unmittelbarer Nähe.

Sobald Clive die Tür zugedrückt hatte, gab Atticus das Signal. ›Jetzt!‹ Ich sprang nach vorn, ohne darauf zu achten, ob Clive mich hörte – den Sturz auf den Allerwertesten konnte er sowieso nicht mehr verhindern. Im Reflex drehte er sich halb und verlagerte dabei sein ganzes Gewicht auf ein Bein. Dadurch war es für mich noch leichter, ihn umzustoßen. Bei meinem Anblick drang ein erstickter Schrei aus seiner Kehle, und die Zigarette fiel ihm aus dem Mund. Er ruderte so wild herum, dass Starbuck bestimmt seine Hand verfehlt hatte, doch das spielte keine Rolle. Die Hauptsache war, dass Clive Jacks Leine losließ, um meinen Angriff abzuwehren. Natürlich konnte er trotzdem nicht verhindern, dass ich ihm die Pfoten gegen die Brust drückte und ihn niederwarf. Kurz nahm ich einen Hauch von schalem Rauch und billigem Whiskey wahr, dann trampelte ich über ihn hinweg und rannte zusammen mit den anderen nach links zur Weide. Seine Flüche folgten uns wie eine faulige Brise. Jack war bei uns, froh, dass er die Beine strecken konnte und frei war. Ungefähr zehn Äonen lang oder so stürmten wir glücklich voran. Dann ließ uns Atticus mitten auf der Weide anhalten und bellen. Mir fiel auf, dass wir hier völlig ungeschützt waren.

›Er soll uns verfolgen‹, erklärte er. ›Macht Lärm. Ich lege Nachtsicht über uns, damit wir auf jeden Fall im Vorteil sind.‹

Wir bellten und kläfften, bis Atticus zufrieden war. Schon rannte Clive in unsere Richtung, doch auf einmal bemerkte mein Druide, dass der Kerl eine Art Stock in den Händen hielt.

›Hoppla, das ist eine Schrotflinte! Gar nicht gut!‹ Atticus drehte sich um. ›Wir steuern auf die Bäume zu, aber vergesst nicht, weiter zu bellen!‹ Viel schneller als Clive Yarbrough und ausgestattet mit Nachtsicht stürmten wir los und hörten, wie er drohte, uns abzuknallen und den Schweinen des Nachbarn zum Fraß vorzuwerfen. Ich war froh, dass Starbuck und Jack ihn nicht verstanden. Aus der Ferne hörte ich die dünne Stimme einer Frau – Mary wahrscheinlich –, die Clives Namen rief und ihn aufforderte zu warten, weil sie ihm dringend etwas sagen musste.

Da ich wusste, dass sie ihn auffordern wollte, alle Hunde verschwinden zu lassen, fand ich es günstig, dass er nicht auf sie hörte. Bis jetzt hatte Atticus' Plan gut funktioniert.

Als wir den Rand der Weide erreichten, ließ uns Atticus

anhalten und umdrehen. Wir bellten noch ein bisschen, um Clive weiter anzustacheln. Joggen mit Schrotflinte – das verstößt bestimmt gegen irgendeine Regel, wenn sie auch erst lange nach der kommt, die verbietet, meine Wurst zu klauen und mit Senf zu bestreichen.

›Gut, wir schlagen jetzt einen Bogen nach links, entfernen uns ein Stück voneinander und bellen nicht mehr, bis wir außer Reichweite seines Gewehrs sind.‹

Diese Idee fand ich fast genauso gut wie Schmorbraten oder zartes Schweinefilet. Das wollte ich Atticus gerade mitteilen, als ich von einem Geräusch im Wald hinter mir aufgeschreckt wurde. ›Was war das?‹

Die anderen hatten es auch gehört. Wir drehten uns gleichzeitig um und hielten die bebende Nase in die Luft. Ein Knurren, ein herbes Aroma und dann ein Brüllen. Das konnte nur heißen –

›Ein großer Bär!‹, rief ich Atticus zu.

›Ja. Rennt auf Clive zu‹, befahl er. ›Ich sehe zu, dass ich ihn beruhigen kann.‹ Wir flitzten davon, und ein schwarzer Bär, der nur aus Zähnen, Klauen und Muskeln zu bestehen schien, brach zwischen den Bäumen hervor. Bestimmt war das der, den Starbuck wegen dieses Eichhörnchens aufgeweckt hatte. Weil wir in sein Revier eingedrungen waren und dort herumgepinkelt hatten, war er uns vom Berg herab gefolgt. Vor ihm weg- und auf Clive zuzulaufen kam mir schlau vor, bis mir die Schrotflinte wieder einfiel. Inzwischen hatte der Typ abgebremst und hob das Gewehr an die Schulter, denn auch er hörte diesen Wahnsinnsradau, der da auf ihn zurollte.

›Wütender Mann von vorn! Wütender Bär von hinten!‹ Ich konnte förmlich den schnaubenden Atem im Nacken spüren. ›Wolltest du ihn nicht beruhigen?‹

›Bin schon dabei! Jetzt eine scharfe Linkskurve!‹ Auf Atticus' Kommando hin preschten wir vier Hunde nach links, während der Bär und Clive wie die Glieder einer sich schließenden Zange heranrückten. Der Bär blieb brüllend auf uns fixiert und kam Clive dabei so nahe, dass dieser in seiner Panik auf ihn schoss. Die spritzenden Kügelchen erwischten den Bären auf ganzer Breitseite. Dummerweise richteten sie aus der Entfernung kaum Schaden an und steigerten nur seine Raserei. Tatsächlich waren wir auf einen Schlag vergessen, und Clive wurde zum neuen Ziel. Der nächste Schuss brachte den Bären bloß noch stärker auf. Nur einen Moment später ging Clive ein zweites Mal zu Boden, das Gewehr fiel ins Gras, und sein hohes Kreischen war sogar über dem Brüllen des Bären zu hören.

›Bei allen Göttern, das ging ziemlich in die Hose‹, meinte Atticus. ›Ich muss den Bären hier weglocken.‹

Obwohl ich keine Ahnung hatte, wie er das anstellen wollte, leuchtete mir sein Plan ein. ›Ich hab's dir ja gesagt! Der Name der Straße ist ein schlechtes Omen!‹

Auf der betreffenden Straße näherten sich jetzt zwei Autos und parkten hinter dem großen Pick-up. In Marys Stimme lag nun Panik. »Clive? Clive! Antworte doch! Wir haben Besuch!«

›Stopp.‹ Atticus ließ uns in sicherer Entfernung anhalten. ›Ich bringe den Bären zurück in den Wald und sorge dafür, dass ihm später nichts passiert. Eigentlich wollte ich das machen, *bevor* er jemand zerfleischt. Aber jetzt ist es zu spät.‹

Wahrscheinlich hätte er das Tier besänftigen können, wenn Clive nicht geschossen hätte. Jedenfalls begann der Bär nun wieder bergauf zu wandern, bereit zu warten, bis Atticus Zeit fand, sich um seine Wunden zu kümmern. Clive Yarbrough lag wimmernd und blutend auf seiner eigenen Weide.

Inzwischen spuckten die zwei Autos Polizisten und einen Veterinär aus. Bestimmt bereitete es ihnen keine Mühe, die Hunde zu finden, denn die waren ziemlich aufgeregt von dem ganzen Lärm, vor allem von dem Bärengebrüll.

Atticus führte uns möglichst nah an den Zwinger heran, damit wir die Geschehnisse verfolgen konnten, ohne in der Dunkelheit entdeckt zu werden.

Eigentlich waren die Polizisten nur ermächtigt, die Hunde zu inspizieren und dabei zu kontrollieren, ob es sich um die Vermissten aus Oregon und Washington handelte. Doch nach den Schüssen und dem Schrei, die sie gehört hatten, ergab sich für sie außerdem der hinreichende Verdacht auf weitere Straftaten, und sie konnten weitaus gründlicher nachforschen. Mit Scheinwerfern und Waffen schwärmten sie auf die Weide aus. Sie hatten keine Mühe, Mary zu finden, die immer noch um Hilfe rief, und wenig später entdeckten sie auch Clive. Darauf wurden zusätzliche Beamte und ein Krankenwagen angefordert. Inzwischen überprüfte der Tierarzt die Mikrochips und stellte fest, dass alle Hunde gestohlen waren – auch die zwei, von denen wir nichts gewusst hatten. Sie stammten aus Nordkalifornien.

›Weißt du was, Atticus? Wenn du jetzt noch Jack runterschickst, dann können alle Hunde bald zu ihren Menschen zurückkehren, und ich hab mir meine Lendenstücke verdient.‹

›Da hast du recht.‹ Er ließ Jack direkt zur beleuchteten hinteren Veranda trotten, und der Veterinär scannte seinen Mikrochip.

›Wir haben den Fall des entwendeten Pudels gelöst!‹, rief ich. ›Starbuck und ich sind wirklich ein Superteam!‹

Atticus schwenkte sein Hundegesicht zu mir herum und stellte die Ohren auf. ›Du und Starbuck, was?‹

›Na ja, du hast schon auch ein bisschen mitgeholfen und dir damit eine Ofenkartoffel verdient. Aber ohne uns hättest du nie gemerkt, dass da was faul ist.‹

›Das stimmt. Ich habe es hier offenbar mit detektivischen Genies zu tun.‹

›Das kannst du laut sagen!‹

8

Holmes und Watson, reloaded

Atticus holte seine Kleider und zerstörte das Wegwerfhandy von Scott Fitzgerald, der seinen einzigen Anruf bei der Polizei gemacht hatte und dann für immer von der Bildfläche verschwunden war. Wir stiegen wieder bergauf, bis wir den Bären gefunden hatten. Diesmal behielt ihn Atticus fest im Griff und holte sich sogar vom Elementargeist Unterstützung für die Heilung.

Als alle Schrotkörner entfernt waren, bat er den Elementargeist, den Bären an einen sicheren, weit entfernten Ort zu bringen, weil nach Clives Verletzung damit zu rechnen war, dass die Menschen Jagd auf ihn machten.

Nachdem das alles erledigt war, wechselten wir zurück nach Oregon, und Atticus wurde wieder zu Connor Molloy, der den Akku in sein Telefon einsetzte und Detective Ibarra anrief. Diesmal war sie viel freundlicher zu ihm, trotz seiner merkwürdigen Zeitsprünge. Sie hatte alle notwendigen Beweise, damit sie den Fall abschließen konnte, und verdankte ihm die entscheidenden Hinweise – in Wirklichkeit natürlich mir und Starbuck. Allerdings war auch sie nicht untätig geblieben. Zum Beispiel hatte sie herausgefunden, dass Julia Garcias Abwesenheit auf einen harmlosen Besuch bei Verwandten an der Ostküste zurückzuführen war und dass Julia und Gordon Petrie tatsächlich eine gemeinsame Vergangenheit hatten. Die

Trennung war so übel gelaufen, dass sie ein Kontaktverbot gegen ihn erwirkt hatte.

Detective Callaghan war mit seinen Kollegen zu Tracie Chasseur gefahren und hatte dort ein Betäubungsgewehr entdeckt. Atticus zeigte mir online, wie so ein Ding aussah, und mir kam es fast wie eine richtige Schusswaffe vor, auch wenn man die meisten Modelle ohne Zulassung und Leumundsprüfung erwerben kann.

Außerdem stießen die Beamten in Tracies Haus auf große Mengen gallertartiger Veterinärpampe, die sie für ihre zwei gesunden Englischen Setter nie benötigt hätte. Sie tat, als wäre das alles ganz normal und legal und die Vorwürfe der Polizisten völlig haltlos, bis sie ihr eröffneten, dass sie die gestohlenen Hunde in Arkansas und die Online-Anzeigen zur Vermittlung von Deckdiensten entdeckt hatten. Danach gestand sie sofort und erklärte, dass Clive an allem schuld war. Das alles erfuhr Atticus, als er die Polizeistation in Eugene besuchte und seine Aussage machte. Diese sollte bei einem möglichen Gerichtsverfahren verwendet werden, obwohl es nach Lage der Dinge eher nach einem Deal aussah.

Tracie gab an, dass sie nur ihrer Schwester Mary hatte helfen wollen. Clive Yarbrough hatte schon vor einiger Zeit seine Arbeit verloren und war danach immer mehr dem Alkohol verfallen. Wenn er betrunken war, prügelte er gern auf Dinge ein, unter anderem auch auf seine Frau. Daraufhin kamen Mary und Tracie auf die Idee, mit Decktaxen Geld zu verdienen. Aus ihrer Sicht hatte das den Vorteil, dass Clive die Hunde zu ihren … ähm … romantischen Begegnungen fahren musste und seine Frau dank der neuen Einnahmequelle wieder besser behandeln würde. Der Plan war nur zum Teil erfolgreich. Zwar war er seltener zu Hause und trank auch ein bisschen weniger, doch er war schon zu weit auf dem Weg der Armleuchterei vorangeschritten und nicht mehr von seiner Gewalttätigkeit abzubringen.

Die Obduktion ergab, dass Verity Boone-Sutcliffes Herz aufgrund einer gefährlichen Wechselwirkung zwischen ihren regelmäßig eingenommenen Medikamenten und dem Betäubungsmittel versagt hatte. Tracie beteuerte unter Tränen, den Pfeil aus Versehen auf sie abgefeuert zu haben. Sie war ins Haus eingebrochen und hatte versucht, auf Starbuck anzulegen, da tauchte plötzlich Verity in der Küche auf, und Tracie drückte in ihrer Panik ab. Aus Entsetzen über ihren Fehler und aus Angst, über das Forum wiedererkannt zu werden, obwohl sie maskiert war, rannte Tracie weg, noch bevor Verity auf dem Boden gelandet war. Tracie musste mit einer Anklage wegen Totschlags und wegen weiterer Straftaten im Zusammenhang mit ihrer Hundeentführungstour rechnen.

Mary Yarbrough bestätigte alle Angaben. Bei ihr handelte es sich um weniger schwerwiegende Delikte wie Besitz von Diebesgut, und möglicherweise kam sie mit einer Bewährungsstrafe davon. Auf entsprechende Anklagepunkte musste sich auch Clive nach seiner Entlassung aus dem Krankenhaus einstellen, außerdem auf ein Verfahren wegen häuslicher Gewalt und einen unerbittlichen Scheidungsanwalt.

Mir war das alles nicht so wichtig. Für mich zählte in erster Linie, dass wir die Grand Champions in ihr jeweiliges Zuhause zurückgebracht hatten, wo sie sich auf angemessene Betreuung und Verpflegung durch ihre Menschen freuen durften. Auf mein Drängen hin erkundigte sich Atticus, was mit Tracies Englischen Settern passieren sollte. Tracie hatte niemanden, der sich um sie kümmern konnte, daher bot ihnen Mr

Lumbergh in Bend einen Platz bei seiner Schar von Bretonischen Spaniels an.

Da Verity Boone-Sutcliffe keine lebenden Verwandten hatte, war Detective Ibarra damit einverstanden, dass Starbuck bei uns blieb, bis klar war, welche Verfügungen die Verstorbene in ihrem Testament getroffen hatte.

Zur Feier bereitete Atticus Lendenstücke im Speckmantel für mich und Starbuck zu. Dann nahm er uns mit nach Portland, wo es einen richtigen Herrenausstatter gibt, der alle möglichen Hüte und Mützen im Sortiment hat, unter anderem auch Deerstalker. Er kaufte mir einen, dazu in einem anderen Laden eine Lesepfeife. Anschließend führte er uns in ein Fotostudio, um uns als echtes Detektivgespann ablichten zu lassen. Oberon und Starbuck: Holmes und Watson, reloaded.

Epilog

Wenn Atticus seine Bücher schreibt, hängt er am Schluss immer noch so was dran, deswegen mache ich das jetzt auch.

Er kündigte Granuaile an, dass er einige Tage verreisen musste und dass sie sich ruhig mit Orlaith in Polen von ihrer Arbeitswoche entspannen konnte. Dann wechselte er mit uns nach Flagstaff in Arizona, wo er eigentlich nichts verloren hatte, seit ihn das Rudel dort verbannt hatte. Zum Glück mieteten wir nur schnell einen großen SUV und fuhren gleich weiter nach Süden.

»Ich muss noch ein paar Sachen abholen, bevor ich Arizona für immer verlasse«, erklärte er. »Außerdem möchte ich meine Schulden begleichen, solange ich endlich mal Zeit dafür habe.«

Er fuhr zum Salt River in der Nähe von Mesa, wo Menschen gern auf Reifenschläuchen den Fluss hinunterschwammen, Bier tranken und sich von der Sonne die Haut verbrennen ließen.

Er parkte neben der Straße und lief mit uns ein kurzes Stück in die Wüste, bis wir hinter Mesquitebäumen, Kreosotbüschen und vereinzelten stachligen Chollakakteen verborgen waren. Dort kauerte er sich nieder und redete mit dem Elementargeist Sonora. Die Erde teilte sich und darunter kam eine Art Eisensarg zum Vorschein.

»Da sind meine seltenen Bücher drin«, sagte er. »Und eine Schatzkarte.«

›Du meinst so eine mit einem X, die die Stelle markiert, und mit Monstern und allem Drum und Dran?‹

»Ein X gibt es, glaube ich, aber den Rest nicht. Und sie ist in altem Spanisch verfasst.«

›Und diesen Schatz bergen wir jetzt?‹

»Allerdings.«

›Wahnsinn!‹

Die Karte hatte ein Typ namens Sotomayor gemacht, der vor langer Zeit an einer Expedition von Coronado beteiligt gewesen war. Bei einem Abstecher stieß Sotomayor mit seinen Leuten auf einen Riesenhaufen Gold, das die Azteken versteckt hatten, als die spanischen Konquistadoren in Tenochtitlan einfielen. Sie fassten den Plan, später zurückzukommen und Coronado um seinen Anteil zu prellen, doch dazu kam es nie. Weil Atticus das Gold bisher nicht brauchte, hatte er es die ganze Zeit einfach liegen lassen, in der Erwartung, dass es vielleicht jemand entdecken würde. Jetzt konnte er damit seine Schulden bei den Eibenmännchen begleichen, die ihn im Kampf gegen die Vampire unterstützt hatten.

Das Aufspüren des Schatzes war allerdings nicht annähernd so aufregend wie erwartet. Sobald er seine Bücher eingeladen hatte, fuhren wir einfach nach Norden. Dann setzte Atticus den Elementargeist auf die Sache an, der das Gold mühelos fand und an die Oberfläche holte.

Das Zeug glänzte und glitzerte. Das meiste davon ging direkt an BRIGHID, die Oberste unter den Feen, die in seinem Auftrag damit die Eibenmännchen bezahlte. Danach war er diese Sorge los und hatte sogar noch was übrig. Das verbliebene Gold wollte er aus seiner fertigen Form lösen und es in

Kalifornien mit Steinen und Mineralien zusammenbinden, damit es aussah, als hätte er es dort aus dem Boden gebuddelt.

So machten wir mit unserer kostbaren Fracht aus Büchern und Gold eine lange, fröhliche Reise über Kalifornien zurück nach Oregon. Starbuck und ich steckten die Köpfe zum Fenster hinaus und schmiedeten Pläne für die nächste Jagd auf Verbrecher, für ein Ende der Niedertracht von Eichhörnchen und für den Verzehr weiterer Steaks. Die Zukunft lag vor uns wie ein Meer aus Bratensoße.

Dank

Ich möchte mich bei Deborah Flynn-Hanrahan bedanken, die mir die vielen schicken Sehenswürdigkeiten in Portland gezeigt hat. Ausgehend vom Peninsula Park kann jeder, der das möchte, dem Weg von Atticus und Oberon durch die Stadt bis zu Veritys Haus folgen. Die Random Order Pie Bar ist genauso real wie das Café mit dem schlichten Namen Barista einige Häuser weiter auf der anderen Straßenseite, wo sich Atticus seinen Flat White besorgt. Und die Häuser im Viertel Irvington sind wirklich sehenswert.

Ein großes Dankeschön an Sir Arthur Conan Doyle, der sich den berühmtesten Detektiv der Welt ausgedacht hat, an den Entwickler der Hunderasse Boston Terrier und an Delilah S. Dawson für das Platypus-Wortspiel.

DAS EICHHÖRNCHEN AUF DEM ZUG

1

Eichhörnchen, auf frischer Tat ertappt

Mir will einfach nicht in den Kopf, warum die meisten Menschen mehr Angst vor Clowns haben als vor Eichhörnchen. Atticus sagt, das ist alles die Schuld von Stephen King, und wahrscheinlich hat er recht, wenn ich auch nicht ganz begreife, was er damit meint. Jedenfalls erklärt es nicht, warum die Leute ignorieren, dass Eichhörnchen dunkle Absichten verfolgen und die Fähigkeit – die Beweglichkeit! – besitzen, diese in die Tat umzusetzen. Sie können auf Bäume und fast alles andere klettern und damit die ausgefinkeltsten Sicherheitssysteme umgehen. Sie haben mir meine Leckerlis gestohlen und sie vor meinen Augen verspeist, weil sie hoch droben auf einem Baum saßen und für mich unerreichbar waren! Wenn das kein Beleg für blanke, hemmungslose Niedertracht ist!

Wisst ihr, wie viele Clowns mir so was angetan haben? Kein einziger. Und sollte sich ein Clown was herausnehmen wollen, wie schnell kann er sich denn in diesen übergroßen Zirkuslatschen bewegen? Nicht schnell genug, so viel steht fest. Und auf einen Baum wird er damit schon gar nicht kraxeln.

Immer wenn ich Atticus davon zu überzeugen versuche, dass alle Eichhörnchen gemeinsam an einem finsteren Plan arbeiten und uns alle vernichten wollen, winkt er bloß ab und sagt: »Ich hätte dich Mulder nennen sollen.« Anscheinend überschreite ich mit solchen Äußerungen eine rote Linie und oute mich damit in seinen Augen als verstörter Verschwörungstheoretiker.

Orlaith glaubt mir zum Glück, und Starbuck ebenfalls. Er hat inzwischen ein paar Worte gelernt und teilt die Welt schon mal in ›Ja Essen!‹ und ›Nein Eichhörnchen!‹ ein. Damit beweist er, dass er einen klugen Kopf auf den Schultern trägt, auch wenn seine Ohren irgendwie fledermausartig sind und sein Gesicht wie bei allen Boston Terriern ganz nach innen gedrückt ist und keine richtige Schnauze hat.

Ich erwähne die drohende Eichhörnchengefahr wegen der Ereignisse im Zug nach Portland. In dieser Stadt hatten Atticus und ich Starbuck kennengelernt und ihn nach dem Tod seines Menschen adoptiert. Jetzt wollten wir den Ort noch einmal besuchen und Orlaith die Sehenswürdigkeiten zeigen. Überall gab es Parks, in denen sich bestimmt eine Menge Kaninchen herumtrieben, ganz zu schweigen von der tollen Bar, die diese wirklich schmackhaften Hähnchenpasteten mit köstlicher Bratensoße darin im Angebot hatte.

Nachdem wir den Pudel Jack gerettet und ihn nach Eugene zurück zu seinem Menschen gebracht hatten, überlegte sich Atticus, dass es vielleicht besser war, zum Herumreisen kein Auto mehr zu *mieten*, sondern sich eines anzuschaffen, da Orlaith bis nach der Geburt ihres Wurfs nicht mehr die Gefilde wechseln konnte. Er kaufte einen Chevrolet Baujahr 1954, einen Klassiker, wie er erklärte. Er bekam den Pick-up ganz billig, weil er stark verrostet war. Atticus war das egal. Er rief einfach den Eisen-Elementargeist Ferris, der ihm half, den Rost zu entfernen und an den morschen Stellen den Stahl wieder aufzubauen. Nach einigen Tagen hatte er den Wagen restauriert und leuchtend blau gestrichen. Als alles fertig war, fragte er uns, wohin die Reise gehen sollte, und wir teilten ihm mit, dass wir uns durch ganz Portland schnuppern wollten.

»Durch *ganz* Portland?«, fragte er.

›Es ist eine heroische Aufgabe, Atticus. Und wenn wir am Ende vor Müdigkeit nicht mehr können, wird Starbuck sagen: »Ich kann vielleicht nicht alles riechen, Herr Oberon, aber ich kann *dich* riechen!« Dann werden die Riesenadler mitten durch den Vulkanausbruch herabstürzen und uns sicher nach Hause fliegen, und das ist wie der erste von ungefähr zwanzig Millionen Schlüssen, und im Director's Cut kommen noch weitere vierzig Millionen dazu.‹

Atticus drohte mir, mich nie mehr den *Herrn der Ringe* anschauen zu lassen, und fügte hinzu, dass er höchstens bis nach Eugene und zurück fahren wollte, weil der Pick-up so entsetzlich viel Benzin schluckte. Aus diesem Grund nahmen wir schließlich lieber doch den Zug und kreuzten die Wege des diabolischsten Eichhörnchens aller Zeiten. Wenigstens die Fahrt nach Eugene war toll. Orlaith und ich steckten die Köpfe aus dem Fenster, um die Aromen des Willamette Valley zu genießen, und Starbuck quetschte sich unter häufigem Niesen zwischen uns.

›Ja Essen!‹ Sein Ausruf zeigte, dass er glücklich war. Oder hungrig. Offen gestanden, verknäueln sich diese beiden Sachen bei uns Hunden manchmal zu einer.

Der Bahnhof roch nicht besonders gut. Wahrscheinlich gibt es keinen einzigen Bahnhof, der einen wirklich berauschenden Duft verströmt. Wer seiner Nase einen Gefallen erweisen möchte, der wird so was kaum auf die Liste der positivsten fünf Millionen Sachen setzen. Ich meine, es gibt natürlich viel Urin, und das ist interessant – ich möchte jetzt lieber nicht von Hydranten anfangen! –, aber sicher nicht das

Passende, wenn man sich etwas Angenehmes wünscht. Wenn ein Bahnhof mich beeindrucken wollte, müsste er schon nach Essen duften. Stattdessen riecht es nach Mottenkugeln, Reinigungsprodukten und diesem unsäglichen Zeug, das als Deo an Jugendliche verkauft wird, wie mir Atticus erklärt hat.

Atticus kaufte eine Fahrkarte für sich, in der Absicht, uns in den Zug zu schmuggeln, weil Hunde unserer Größe einfach nicht erlaubt sind. Die Bahnchefs meinen, dass man für eine Reise mit Menschen Chihuahua-Klasse sein und unter die Sitzbank passen muss. Zum Glück machte sich Atticus wenig aus dieser Vorschrift. Er legte einfach einen Tarnzauber über uns und schärfte uns ein, beim Einsteigen ganz leise zu sein, und wir waren alle einverstanden. Doch dann bemerkten wir das Eichhörnchen auf dem Waggon und vergaßen unser Versprechen gleich wieder. Wir wufften wild drauflos, und das Eichhörnchen schaute sich schnatternd nach uns um. Es blieb völlig reglos, nur der Schwanz fegte hin und her.

Plötzlich rief in meinem Kopf laut Atticus' mentale Stimme: *Hör sofort auf!* Anscheinend hatte er es bei Orlaith und Starbuck genauso gemacht, denn auch ihr Bellen verstummte mit einem Schlag.

›Aber da ist ein Eichhörnchen, Atticus …‹

›Nein Eichhörnchen!‹, fügte Starbuck hinzu, und auch Orlaith setzte zu einer Bemerkung an.

Atticus ließ uns nicht zu Wort kommen. *Das Eichhörnchen tut niemandem was, und wenn ihr weiter diesen Radau macht, kommen wir nicht in den Zug.* Wie die anderen Menschen auf dem Bahnsteig schaute er sich nach allen Seiten um, als hätte er keine Ahnung, woher das Bellen gekommen war. *Vergesst das Eichhörnchen!*

Wenn Atticus mit dieser angespannten Stimme herumkommandiert, sollte man besser erst mal einen Rückzieher machen und Geduld haben. Das funktioniert besser, als weiter vorzupreschen, denn dann wird er noch wütender und hört gar nicht mehr zu.

›In Ordnung. Ich weiß, dass das Eichhörnchen gerade niemandem was tut. Allerdings müssen wir vernünftigerweise davon ausgehen, dass es einen Anschlag auf uns plant.‹

So eine Annahme ist *nicht vernünftig.*

›Es ist unsere Pflicht, dich und den ganzen Zug vor seinen Plänen zu schützen. Wir müssen dem Teufel trotzen!‹

Oberon, dieses Eichhörnchen kann den Zug nicht entgleisen lassen oder ihm auf andere Weise Schaden zufügen. Wir sind nicht in Gefahr. Und weißt du, was passieren wird, wenn dieses Eichhörnchen mitfährt?

›Was?‹

Der Wind wird es wegblasen. Da oben gibt es nichts zum Festhalten. Wenn es so dumm ist, dass es auf dem Zug bleibt, dann wird die Physik das Ganze regeln.

›Ah, Tod durch Physik! Das klingt für mich nach Gerechtigkeit‹, meinte Orlaith.

›Nein Eichhörnchen!‹, stimmte Starbuck zu.

›An der Physik sterben die Leute doch normalerweise auch im Weltraum nicht, Atticus? Außer ein Alien frisst sie oder platzt ihnen mitten aus der Brust, oder Hirnkäfer legen Eier im Schädel ab, oder ein Erreger entweicht wegen schlechten Quarantänebedingungen aus dem Labor, oder …‹

Genau. Du kannst dir die vielen möglichen Todesarten für das Eichhörnchen weiter ausmalen, sobald wir im Zug sind. Wichtig ist auf jeden Fall, dass ihr während der gesamten Fahrt ganz leise seid. Mental könnt ihr nach Herzenslust mit mir reden, aber ich will kein Bellen und auch kein Knurren hören. Überlasst das Eichhörnchen einfach der Physik, okay?

Wir willigten ein und stiegen ohne weiteres Tamtam in den Zug, obwohl mehrere Menschen auf das Eichhörnchen deuteten und riefen: »Ach, wie niedlich!« Offenbar hatten sie keine Ahnung, dass es ihren Tod plante. Wenn vom Waggondach ein Clown auf sie heruntergestarrt hätte, hätten sie sich ganz anders benommen. Garantiert. Sie wären in einen Bunker geflohen und hätten ihn mit Abwehrfeuer belegt oder mit Granaten beworfen.

Ich hörte, wie Orlaith auf den Platz neben Atticus sprang und sich möglichst klein zusammenrollte. Ich legte mich auf den Boden, und Starbuck richtete sich mit untergeschlagenen Pfoten auf mir ein, nachdem er durch Tasten meine genaue Position herausgefunden hatte. Die Leute auf der gegenüberliegenden Seite des Gangs hatten keine Ahnung von unserer Anwesenheit. Über uns hörten wir das Eichhörnchen herumflitzen.

Sobald wir ein Stück unterwegs sind und sie uns nicht mehr aus dem Zug schmeißen können, löse ich die Tarnung auf, erklärte Atticus. *Ohne Kontakt zur Erde kann ich den Zauber sowieso nicht lange aufrechterhalten. Auf jeden Fall müsst ihr während der ganzen Fahrt schön ruhig bleiben, vor allem, wenn euch die Leute dann sehen.*

›Hörst du das Eichhörnchen, Atticus?‹

Ja. Es stellt keine Gefahr dar, glaub mir.

›Kannst du spüren, wenn es von der Physik zerstört wird?‹, fragte Orlaith.

Wahrscheinlich nicht. Der Zug macht bei schneller Fahrt zu viel Lärm.

›Aber was will dieses Eichhörnchen überhaupt auf dem Zug?‹, erkundigte ich mich. ›Meinst du, es pendelt öfter mal nach Portland wegen der hochwertigen rustikalen Nüsse dort?‹

Bestimmt weiß es gar nicht, dass es auf einem Zug sitzt, und schon gar nicht, wohin es fährt, antwortete Atticus.

›Kannst du nicht diese Druidennummer machen und es rausfinden? Ein bisschen in seinem Erbsenhirn rumstöbern, damit wir erfahren, was es vorhat?‹

Nein, das würde direkte Sichtverbindung erfordern, außerdem kann ich die Energie sowieso nicht erübrigen. Macht es euch schön gemütlich, ich lese euch auf der Fahrt eine Geschichte vor.

Atticus kramte ein Buch von Lila Bowen mit dem Titel *Wake of Vultures* heraus und las uns daraus über die mentale Verbindung vor, damit die Leute nicht dachten, dass er Selbstgespräche führte. Besonders cool war, dass Atticus uns Bilder schickte und wir uns so auch vorstellen konnten, wie die Sachen in dieser Welt *rochen*. Die Geschichte voller Vampire, Harpyien und Gestaltwandlern spielte im Wilden Westen und machte richtig Spaß.

Als der Zug eine Weile unterwegs war, löste er die Tarnung auf, und wir wurden sichtbar. Die Leute gegenüber nahmen uns zunächst gar nicht wahr, weil sie mit ihren Computern beschäftigt waren. Der Mann direkt neben uns sah total intelligent aus; er hatte sich den Kopf kahl geschoren wie Luke Cage, bloß dass er kein Kapuzenshirt trug, sondern einen schicken Anzug. Als er uns bemerkte, blinzelte er, dann glitt sein Blick hinüber zu Atticus, und er grinste. »Portland, Mann.«

Die Dame neben ihm war so in ihrer Welt versunken, dass sie überhaupt nichts von uns mitbekam, bis eine Zugbegleiterin erschien und Atticus etwas zu essen anbieten wollte.

Sie erschrak bei unserem Anblick. »Oh, das sind aber … große Hunde. Eigentlich sind solche Hunde im Zug verboten.«

Atticus erinnerte uns daran, dass wir ganz still bleiben mussten, und warf ihr ein Lächeln zu. »Stimmt, normalerweise ist das so. Ich nehme allerdings an einem Pilotprogramm von Amtrak teil – eine Machbarkeitsstudie zur Beförderung von Haustieren mit der Bahn.«

›Wirklich?‹

Nein, das habe ich mir gerade ausgedacht. »Bis jetzt läuft es super«, fügte er hinzu. »Niemand hat sich bei Ihnen über meine Hunde beschwert, oder?«

»Nein. Trotzdem, von diesem Programm habe ich noch nie gehört.«

»Oh, das tut mir leid.« Atticus klang betroffen. »Man hätte Sie natürlich informieren müssen. Bestimmt bloß ein Versehen. Hier, das soll ich Ihnen geben. Da können Sie anrufen und alles nachprüfen.«

Er zog eine Visitenkarte aus seiner leichten Jacke.

›Moment mal, du hast dir das gerade ausgedacht, und hast eine *Karte* für sie parat?‹

Gib einem Menschen eine Visitenkarte, dann glaubt er zumindest eine Zeit lang, dass alles seine Ordnung hat. Das ist wie mit dem gedankenmanipulierenden Papier von Doctor Who. Ich habe mir eine Visitenkarte mit Amtrak-Logo und falscher Telefonnummer machen lassen. Gut möglich, dass sie nicht mal anruft.

›Und wenn doch?‹

Nach Portland schaffen wir es auf jeden Fall, und wenn sie uns am Bahnhof festnehmen wollen, verschwinden wir einfach. Keine Sorge.

Die Zugbegleiterin studierte die Karte. »Und wer sind Sie?«

»Ach so, das wäre natürlich hilfreich, nicht? Ich heiße Connor Molloy. Hier ist auch noch meine Karte.« Er zog einen von diesen Zetteln heraus, die ich schon kannte. Darauf stand, dass er Tierschutzaktivist und Hundetrainer war.

Die Brauen der Frau zuckten nach oben. »Hundetrainer, aha. Nun, gut erzogen sind sie auf jeden Fall.«

Atticus nickte. »Ja, es sind wirklich brave Hunde. Sie haben sich ein Leckerli verdient.«

Bei diesen Worten blickten wir alle zu Atticus auf und klopften mit den Schwänzen auf Boden oder Sitze. Zumindest bei mir und Orlaith war es so. Der arme Starbuck hatte nur einen kleinen Stummel.

Die Zugbegleiterin lachte. »Das Wort kennen sie anscheinend.«

»Ja, sie sind sehr klug. Ihr Leckerli kriegen sie natürlich erst nach einer erfolgreich ruhigen Fahrt.«

›Oooch. Du könntest uns doch schon mal eins als Anzahlung geben.‹

Wenn ihr leise bleibt, bis wir ausgestiegen sind, kriegt ihr was mit viel Soße drüber. Das ist besser als ein Leckerli.

›Eine geheimnisvolle Fleischsorte mit Soße drüber? Abgemacht!‹

Die Schaffnerin wandte sich unseren Gangnachbarn zu und erkundigte sich, ob wir sie auf irgendeine Weise belästigt hatten. Der Mann im feinen Zwirn antwortete, dass er keinen Mucks von uns gehört hatte. Die Frau neben ihm ergänzte, dass sie uns gerade erst bemerkt hatte. Mit einem letzten Blick auf die Karte gab sich die Zugbegleiterin zufrieden. »Angenehme Reise noch, Mr Molloy.«

»Danke.«

Danach las Atticus weiter vor, und wahrscheinlich wurde seine Geschichte wirklich nicht nachgeprüft, weil uns niemand mehr behelligte. Außerdem war das Buch so spannend, dass wir das Eichhörnchen auf dem Zug ganz vergaßen.

Bis wir nach Portland kamen und ausstiegen. Da bemerkten wir als Erstes das besagte Eichhörnchen, das uns frech anschnatterte! Da wir nicht mehr getarnt waren, konnte es uns wunderbar sehen. Und jetzt durften wir auch bellen, weil uns Atticus nur für die Dauer der Zugfahrt um Ruhe gebeten hatte.

›Atticus, schau!‹ Ich bellte noch immer. ›Das Eichhörnchen hat es geschafft!‹

›Dieses Eichhörnchen trotzt den Gesetzen der Physik! Da helfen nur Bomben aus dem Orbit!‹, meinte Orlaith.

Und Starbuck fügte entschieden hinzu: ›Nein Eichhörnchen!‹

»Hmm.« Im Gedränge auf dem Bahnsteig musste sich Atticus nicht mehr um Diskretion bemühen. »Bestimmt hat es sich irgendwo zwischen zwei Waggons versteckt.«

›Diese Möglichkeit hast du vorhin gar nicht erwähnt!‹, monierte ich.

»Anscheinend ist es ganz versessen auf Portland. Ich dachte, dass es runterspringt, sobald sich der Zug in Bewegung setzt.«

›Ich hab dir gleich gesagt, es führt was im Schilde! Wir müssen es vernichten!‹

»Was? Oberon …«

In diesem Augenblick sauste das Eichhörnchen los in Richtung Lokomotive – und damit war die Jagd offiziell eröffnet. Irgendwann musste es ja den Zug verlassen und den Boden berühren, und das war unsere Chance zum Zuschlagen. Wenn uns bloß die Leute nicht ständig in die Quere gekommen wären – ups! Entschuldige, Kumpel! Wichtige Hundegeschäfte!

Überall Geräusche und Sachen und Zeug umkurven und dabei das Eichhörnchen nicht aus den Augen verlieren – ich glaube, Atticus rief uns nach, wir sollten anhalten, aber das konnte er schließlich nicht ernst meinen. Hier ging es um eine unmittelbare Bedrohung der Öffentlichkeit! Und obwohl das eigentlich eine Selbstverständlichkeit sein sollte, möchte ich hier ausdrücklich hervorheben, dass das Eichhörnchen an allem schuld war, was danach passierte.

Wir beobachteten, wie es vor uns vom Zug auf das Dach einer Art Veranda hüpfte – eigentlich waren es nur ein paar Pfosten mit einem Regenschutz darauf, wo sich die Passagiere vor dem Eintreffen ihres Zugs ein wenig unterstellen konnten. Kurz packte mich Panik, weil ich dachte, wir hätten das Eichhörnchen verloren. Doch dann machte es so einen Spinnentrick, bei dem es über den Rand kippte, sich an einem Pfosten festklammerte und daran hinunterzischte, als wäre er ein dünner Baumstamm. Ha, jetzt hatten wir den Burschen!

Er huschte über die ersten zwei Gleise und hinein in den Bahnhof, wir dicht in seinem Nacken. Das Gelände war furchtbar zum Laufen, alles nur glatte Steinböden, und von allen Seiten hallten die Geräusche wider. Immerhin war es groß und weit, mit Sitzbänken wie in einer Kirche in der Mitte, kleine Inseln aus Holz in einem Meer von Marmor.

Das Eichhörnchen schlüpfte um zwei Ecken, wir hinterdrein mit scharrenden Krallen, die auf den Platten kaum Halt fanden. Aus unerfindlichen Gründen hatten die Leute mehr Angst vor mir, Orlaith und Starbuck als vor dem Flüchtigen. Kannten die ihre Feinde nicht? Es heißt doch immer, dass wir die besten Freunde des Menschen sind!

Plötzlich hatte das Eichhörnchen anscheinend auch die Nase voll von den vielen herumtrampelnden Leuten, und es preschte nach rechts zur Gepäckausgabe und direkt weiter auf eine Tür mit der Aufschrift TREPPE zu, die soeben von einem Polizeibeamten geöffnet wurde. Wollte es sich etwa hinter der Polizei verstecken? Unerhört, schließlich hatte es doch gegen alle Naturgesetze verstoßen!

Der Polizist erschrak vor dem vorbeiflitzenden Eichhörnchen und murmelte: »Hey, was …« Dann drängten sich drei Hunde an ihm vorbei ins Treppenhaus, und er brachte nur noch ein »Verdammt!« heraus.

Auf halber Strecke nach oben kam uns ein Haufen Menschen in die Quere, die da auf dem Absatz herumwuselten. Sie versperrten uns richtiggehend den Weg und schienen auch nicht besonders erbaut von unserem Kommen.

Eine von ihnen, eine Frau mit langem schwarzem Haar und relativ dunkler Haut, trat vor und rief uns an: »Stopp! Bleibt sofort stehen!«

Normalerweise hätte ich sie im Interesse der öffentlichen Sicherheit einfach ignoriert, doch dann erschnupperte ich einen Hauch von ihrem Frühstück – Eier mit scharfer Soße und grusliger Kaffee – und erkannte Detective Gabriela Ibarra. Sie war hier für die öffentliche Sicherheit verantwortlich.

›Hey, langsam‹, forderte ich die anderen auf und bremste ab. ›Wir müssen anhalten. Diese Lady kenne ich.‹

›Aber das Eichhörnchen entkommt uns!‹ Orlaith hatte recht. Es war schon an den Menschen vorbei und auf der nächsten Treppe. Vielleicht stellte wenigstens der Ausgang oben ein unüberwindliches Hindernis dar.

›Nein Eichhörnchen!‹, bekräftigte Starbuck.

›Das geht schon klar. Ich glaube, wir haben auf jeden Fall seine Pläne durchkreuzt.‹

Also bauten wir uns vor Detective Ibarra auf und starrten sie hechelnd an.

Sie verschränkte die Arme und machte ein nachdenkliches Gesicht. »Irische Wolfshunde und ein Boston Terrier? Das habe ich doch schon mal gesehen. Seid ihr wegen Mr Molloy hier?«

Irgendwie schon, bloß dass er eher wegen uns hier war.

Das konnte ich ihr natürlich schlecht erklären. Erst jetzt fiel mir auf, dass das alles Polizisten waren, die das Treppenhaus blockierten. Merkwürdig.

»Euch zwei kenne ich auf jeden Fall.« Sie deutete auf mich und Starbuck. »Nur dich kenne ich nicht.« Sie schaute Orlaith an. »Du bist ja eine echte Schönheit.«

Orlaith fühlte sich sichtlich geschmeichelt. ›Ist sie in Ordnung, Oberon?‹

›Sie traut Atticus nicht über den Weg, weil er sie ständig anlügt, aber ansonsten ist sie in Ordnung, ja. Zumindest keine Katzenliebhaberin.‹

Detective Ibarra kauerte sich hin und schaute mir direkt in die Augen. »Sucht ihr nach eurem Herrn? Wisst ihr, was ihn hierher geführt hat?«

Ich legte den Kopf schräg. Was faselte sie da? Soweit ich wusste, hatten *wir* ihn hergeführt. Jedenfalls, wenn er uns demnächst einholte. Ich hörte über die mentale Verbindung, wie er meinen Namen rief, und beschrieb ihm, wo wir waren. Leider konnte ich Detective Ibarra nicht bitten, dem Eichhörnchen oben den Weg zu versperren, weil sie nicht mit uns verbunden war. Daher wuffte ich sie bloß freundlich an.

»Keine Ahnung, wie es mit euch weitergeht. Ich werde mich jedenfalls bemühen, dass ihr zu netten Leuten kommt.«

Ich verstand kein Wort von ihrem Gerede. Überhaupt, was machte sie eigentlich hier? Waren Polizisten normalerweise nicht auf ihrem Revier, außer sie mussten zu einem … Tatort? Irgendwie roch da was verkehrt. Und damit meinte ich nicht ihren abscheulichen Kaffeeatem.

›Da ist jemand tot.‹ Orlaith sprach meinen Gedanken aus. Starbuck wimmerte zitternd. Sein Mensch war gestorben, und diesen Geruch mochte er nicht.

In diesem Moment trat hinter uns Atticus durch die Tür und rief: »Da seid ihr ja!« Dann kam er jäh zum Stillstand, als ihn gleich mehrere Polizisten aufhielten. »Detective Ibarra?«

Sie stand auf, und ihr Gesicht machte diese Verwandlung durch, wie es manchmal bei Menschen passiert, wenn man ihnen unerwartet die Zehen ableckt.

Ihre Augen wurden groß, und der Mund stand ihr offen. »Connor Molloy? Was machen Sie hier?«

»Ich renne meinen Hunden hinterher. Tut mir leid, wenn sie Ihnen Scherereien gemacht haben.«

Detective Ibarra erholte sich allmählich von ihrer Überraschung und fixierte ihn mit zusammengekniffenen Augen, obwohl im Treppenhaus gar kein grelles Licht war. Atticus hatte mir erklärt, dass die Leute das machen, wenn sie misstrauisch sind. »Lassen Sie ihn durch, Sergeant.« Der Beamte machte Platz, und Atticus stellte sich mit zwei Schritten hinter uns. »Haben Sie zufällig einen Zwillingsbruder?«

»Nein, bin ein Einzelkind.«

»Hmm. Wirklich interessant. Natürlich glaube ich Ihnen kein Wort. Kommen Sie bitte her, aber treten Sie nicht auf den Absatz.«

Atticus zwängte sich neben uns, und sie deutete auf eine reglos daliegende Gestalt mit rotem Lockenhaar und – ach du großer Bär!

›Atticus, der sieht ja genau aus wie du!‹ Er hatte einen roten Bart über dem Mund und an den Wangen, doch ansonsten gab es keinen Unterschied zwischen ihnen.

»Wenn Sie mir die Bemerkung gestatten, Mr Molloy«, sagte Detective Ibarra, »er ist Ihnen wie aus dem Gesicht geschnitten.«

2

Fragen über Fragen

›Ich rate mal wild drauflos und sage, dieser Bolzen in seinem Kopf war die Todesursache‹, sagte ich. Er ragte mitten aus der Stirn, mit ein wenig Blut darum herum, von dem aber nichts auf den Betonboden getropft war. Offenbar war der Bolzen also nicht ganz durchgegangen. Das Seltsame war, dass er nicht aussah, als wäre er aus Holz. Außer er war weiß angestrichen.

Auch Atticus fiel das sofort auf. »Ist das Ding in seinem Kopf aus Plastik?«

»Ja. Wir sind ziemlich sicher, dass es von einem 3D-Drucker stammt. Hundertprozentig wissen wir das natürlich erst, wenn wir den Laborbericht haben.«

»Eine Stichwaffe ist das jedenfalls nicht. Eher eine Art Pfeil, mit dem auf ihn geschossen wurde. Ein Blasrohr hat nicht genügend Wucht zum Durchdringen von Knochen, daher würde ich auf eine kleine Armbrust tippen, wahrscheinlich ebenfalls aus einem 3D-Drucker.«

»Gut möglich.«

»Und wer ist das jetzt?«

»Ich hatte gehofft, dass Sie mir da vielleicht weiterhelfen können.«

»Nein, ehrlich, ich habe weder Geschwister noch Cousins. Das ist bloß eine unheimliche Ähnlichkeit. Eine … wirklich verstörende Ähnlichkeit.«

Hey, Hunde. Atticus sprach mit uns dreien gleichzeitig. *Bitte schnuppert doch mal ein bisschen rum. Vielleicht findet ihr was Auffallendes auf der Treppe, wo der Schuss herkam. Irgendeinen Hauch, der zu keinem der Polizisten gehört.*

›Hier sind sehr viele Gerüche‹, gab Orlaith zu bedenken. ›Es ist ein öffentlicher Ort.‹

Ich weiß. Aber die Treppe wird wahrscheinlich wenig benutzt. Schaut einfach, ob ihr auf irgendwas stoßt, das euch seltsam vorkommt.

»Er hatte also keine Papiere bei sich?«, fragte er die Beamtin.

»Nein. Auch keine Schlüssel, kein Telefon, keine Rechnungen in den Taschen, mit denen wir seine letzten Stunden rekonstruieren könnten. Da war jemand wirklich gründlich.«

»Wissen Sie, ob er hier umgebracht oder schon tot hierher geschleppt worden ist?«

»Ich weiß bloß, dass eigentlich *ich* die Fragen stellen sollte. Was führt Sie nach Portland?«

»Die Hunde lieben Gerüche, und in Portland gibt es haufenweise davon.«

»Ich glaube nicht, dass das der richtige Zeitpunkt für flapsige Antworten ist.« Sie schien gereizt, und ich verstand gar nicht, warum. Atticus hatte ihr doch die Wahrheit gesagt! »Angesichts der Ähnlichkeit besteht die Möglichkeit, dass *Sie* das Ziel waren und dieser Mann hier aus Versehen getötet wurde. Haben Sie daran schon gedacht?«

»Ja, habe ich.« Ich hingegen war noch nicht auf diese Idee gekommen und machte mir jetzt Sorgen. Atticus hatte viele Feinde. Und der Tote hatte sich wegen der morgendlichen Kälte dick in einen Mantel und in Handschuhe eingepackt, so dass von druidischen Tattoos nichts erkennbar gewesen wäre. Eine Verwechslung war also leicht möglich.

»Also, warum sind Sie in Portland? Haben Sie hier irgendwas vor, das Sie zur Zielscheibe machen könnte?«

»Nein, im Augenblick nicht. Ich bin wirklich hier, damit die Hunde ein bisschen Spaß haben. Wir sind gerade mit dem Zug aus Eugene gekommen. Aber meine Vergangenheit als Tierschutzaktivist hat vielleicht einige Leute gegen mich aufgebracht.«

›Ha! So kann man es auch ausdrücken‹, warf ich ein.

»Können Sie sie auflisten?«, fragte Detective Ibarra.

›Ich auf jeden Fall! Das nordische Pantheon, das ägyptische Pantheon, die römische Jagdgöttin, die meisten Feenwesen und sämtliche Vampire ...‹

»Klar, aber ich kann Ihnen gleich sagen, dass das keine Leute sind, die eine Waffe aus dem 3D-Drucker verwenden würden. Das sind alles Rancher, die haufenweise altmodische Gewehre haben und diese kleinen Flaggen mit der zusammengerollten Schlange darauf schwenken, Sie wissen schon, die Leute, die sich immer über die Regierung beschweren und gern den Spruch von Thomas Jefferson zitieren, dass man den Baum der Freiheit mit dem Blut von Tyrannen gießen muss.«

Mir war klar, dass Atticus hier bloß noch Nebelkerzen zündete. Und die Antwort von Detective Ibarra bekam ich sowieso nicht mehr mit, weil Orlaith mich und Starbuck zu sich rief. ›Hey, Jungs, kommt mal rüber. Bin neugierig, ob ihr das auch wahrnehmt. Echt seltsam.‹ Orlaith schnüffelte am Geländer neben der vierten Stufe.

Unsere Krallen klickten über den Beton, als wir zu ihr liefen. Wir schnupperten an der Stelle, wo ihre Nase war, und tatsächlich, zwischen den vielen menschlichen Aromen hing etwas anderes. Es war nicht besonders alt.

›Habe ich recht?‹, fragte Orlaith. ›Riecht ihr es auch?‹

›Ja Essen!‹, bestätigte Starbuck.

›Ja, ganz deutlich. Wirklich komisch. Das hat hier nichts zu suchen. Das müssen wir unbedingt Atticus sagen!‹

Ich meldete mich bei ihm, und er bat um einen Moment Geduld, weil er sich erst von Detective Ibarra verabschieden musste. Sie tauschten Visitenkarten aus, und er versicherte ihr, dass die Telefonnummer auf seiner aktuell war und sie ihn noch den ganzen Tag in der Stadt erreichen konnte.

Dann kam er herüber. *Was ist los, Kumpel?*

›Du weißt doch, wie Werwölfe riechen. Hauptsächlich nach Mensch, nur mit ein bisschen Wolf dabei. Wie heißt dieser vornehme Ausdruck für *ein kleines bisschen,* den du mir beigebracht hast? Irgendwas mit Suppe.‹

Soupçon.

›Genau. Also da vorn am Geländer haben wir das Aroma einer Menschenfrau mit einem Soupçon großer Bär.‹

Atticus runzelte die Stirn. *Kein Zweifel? Ihr seid euch sicher, dass es ein* Bär *ist?*

›Es gibt nur ein Lebewesen, das nach Bär riecht, und das ist ein Bär. Hier an einem Geländer im Bahnhof genauso wie anderswo.‹

Und es ist eine Frau?

›Ja. Da ist ein Hauch Blut dabei. Anscheinend macht sie gerade diese menschliche Sache. Medikation.‹

Meinst du Menstruation?

›Genau, sag ich doch.‹

Atticus wandte sich vorsichtig nach den Polizisten um, die alle im Kreis um die Leiche standen und uns den Rücken zukehrten. Er zog die Leinen aus seiner Jacke.

Also, passt auf, ihr drei. Ich glaube, ihr habt da einen wichtigen Hinweis gefunden. Ich möchte, dass ihr dem Geruch folgt. Und lasst euch ruhig Zeit dabei. Wir bleiben im Schritttempo, bis wir den Bahnhof verlassen haben. Schließlich wollen wir niemanden beunruhigen. Danach können wir auch flotter laufen, solange ihr sicher seid, dass ihr die Spur noch in der Nase habt.

›Hey, gehen wir wieder auf Verbrecherjagd?‹

Ja, wenn es euch nichts ausmacht. Ich würde gern rausfinden, wer meinen Doppelgänger ermordet hat.

›Super! Ich habe gehofft, dass wir eines Tages wieder einen Mord aufklären!‹

›Was ist ein Doppelgänger?‹, fragte Orlaith.

Der Begriff stammt von Jean Paul Richter. Ursprünglich war damit ein geistiges Selbst gemeint, das unsichtbar, aber mit dem körperlichen Selbst identisch ist. Inzwischen versteht man darunter jemanden, der große Ähnlichkeit mit einem anderen hat – so was wie ein Klon. Manchmal bezeichnet man damit auch einen bösen Zwilling.

›Das heißt, es gibt eine Geist-Orlaith, die wie ich aussieht? Hat sie auch Geistwelpen im Bauch und isst Geist-Würste, wenn sie Hunger hat?‹

Das können wir nur vermuten. Auf jeden Fall ist sie unsichtbar.

›Wahnsinn, Atticus, Wahnsinn!‹ Ich brauchte ein wenig, um mich zu sammeln. ›Das haut mich jetzt voll um. Du meinst, wir bewegen uns in diesem Augenblick durch eine Welt voller unsichtbarer Würste?‹

Vielleicht. Ist doch eine schöne Vorstellung.

Er befestigte die Leinen an unseren Halsbändern, und wir schoben uns an dem Polizisten am Fuß der Treppe vorbei. Wir folgten der Spur, die zunächst zurückführte und sich dann verzweigte. ›Eine geht zum Bahnsteig, die andere raus aus dem Bahnhof‹, erklärte ich.

Folgen wir der aus dem Bahnhof, entschied Atticus.

Kurz darauf waren wir in Portland, dem Land der reichen

Gerüche, und folgten dem großen Bären, der hier nichts zu suchen hatte.

Wir machten eine schöne, lange Wanderung hinaus zu den West Hills und zum Washington Park und schlugen dabei ein ziemlich zügiges Tempo an. Offenbar holten wir auf, denn der Geruch wurde immer frischer und stärker.

Der Washington Park ist in kleinere Anlagen aufgeteilt. Es gibt einen International Rose Test Garden, wenn mir auch nicht so recht klar ist, wie die Rosen einen Test ablegen sollen. Dann haben wir ein Arboretum, das ich noch nie besucht habe. Doch es muss fantastisch sein, denn da stehen haufenweise seltsame, wunderbare Bäume, die nur darauf warten, dass man sie anpinkelt! Und dann ist da noch der gut zwei Hektar große Japanische Garten mit üppiger Vegetation, Steinpfaden um Teiche, Brücken, Wasserfällen und Steinlampen, die allesamt ein Gefühl von heiterer Gelassenheit verströmen.

Dorthin führte uns die Spur des Bären. Und zwar genau zu einer Steinbank mit Blick auf eine ruhige Wasserfläche. Um diese Jahreszeit war der Park nicht grün und summte auch nicht von Insekten. Es war kühl, und die Anlage strahlte eine winterliche Schönheit aus.

Auf der Bank saß eine breite Person in einer bauschigen schwarzen Jacke, und da sie den Kopf gesenkt hielt, sah sie aus der Ferne aus wie ein riesiges Stück Weingummi. Für mich war nicht zu erkennen, ob die Person tatsächlich so ausladend war oder ob dieser Eindruck nur von der dicken Jacke herrührte. Lange bevor ich das hätte eindeutig unterscheiden können, stoppte uns Atticus.

Dann rief er einen Namen. »Suluk?« Wusste er denn schon, wem wir da auf der Fährte waren?

Die Person wandte sich um. Da ich keinen Bart bemerkte, tippte ich darauf, dass es eine Frau war, zumal wir ja auch der Spur einer Frau gefolgt waren. Die dunklen Augen in ihrem breiten Gesicht blinzelten mehrmals.

»Suluk Black, bist du das?«

»Bist du ein Geist, der mich heimsucht?«, fragte sie.

»Ich bin dein alter Freund Siodhachan. Der Mann im Bahnhof war ein anderer.«

Wieder blinzelte sie und erhob sich von der Bank. Sie drehte sich ganz in unsere Richtung, und ihre Lippen dehnten sich zu einem hoffnungsvollen Grinsen. »Du lebst noch?«

»Fürs Erste schon. Du hast es nicht etwa auf mich abgesehen?«

Ihr Lächeln verschwand, und sie schüttelte heftig den Kopf. »Nein, nein! Das war nicht ich!«

»Kann ich näher kommen?«

»Sicher. Deine Hunde werden nicht gleich auf mich losgehen, oder?«

»Nein. Trotzdem, ich klär das lieber schnell.« Dann hörten wir seine Stimme in unseren Köpfen. *Hört zu, Suluk Black ist die Tochter von Kodiak Black. Sie ist Gestaltwandlerin, deswegen habt ihr einen Bärenhauch gewittert. Das heißt, dass sie manchmal eine große Bärin ist, also nicht gerade euer Lieblingstier. Aber sie ist eine gute Freundin von mir und wird auch für euch eine gute Freundin sein. Aus diesem Grund will ich kein einziges Knurren in ihre Richtung hören, verstanden? Seid bitte höflich zu ihr.*

›In Ordnung‹, antwortete ich. Orlaith und Starbuck stimmten ebenfalls zu. ›Heißt sie wirklich Suluk?‹

Nein. Sie hat sich den Namen ausgesucht und ist dabei geblieben, so wie ich bei Atticus. Ihren echten Namen kenne ich nicht.

Wir trotteten hinüber, und ich überzeugte mich mit einem

kurzen Schnuppern in der Luft, dass das tatsächlich die Person war, der wir gefolgt waren.

»Lange her, dass wir uns zum letzten Mal gesehen haben«, meinte Atticus zu ihr. »Ich hatte keine Ahnung, dass du in der Gegend bist.«

»Oh, doch. Seit fünfzehn Jahren schon. Tolle Bauernmärkte im Sommer.«

»Ach? Hör mal, mein Beileid wegen Kodiak.«

»Danke. Mir ist zu Ohren gekommen, dass sein Mörder inzwischen gebüßt hat. Damit hat sich der Kreis geschlossen.«

»Geht's dir gut?«

Suluk seufzte. »Die Sache am Bahnhof hat mich erschüttert. Jetzt bin ich sehr erleichtert, dass du es nicht warst.«

»Möchtest du mir erklären, was da passiert ist?«

»Natürlich. Ich will nur nicht mit der Polizei darüber reden.«

»Ich werde nichts weitererzählen. Trotzdem ist es wahrscheinlich am besten, du verlässt die Stadt und bleibst eine Weile in Bärengestalt. Kann gut sein, dass die Überwachungskameras Aufnahmen von dir gemacht haben.«

»Gute Idee. Magst du dich zu mir setzen?«

Sie nahmen auf der Steinbank Platz und schauten sich nicht in die Augen, sondern hinaus auf den Teich. Wir Hunde ließen uns im Gras nieder und richteten den Blick ebenfalls aufs Wasser. Nirgends waren Fische zu erkennen, die herumsprangen oder wenigstens mit ihren dünnen Lippen die spiegelglatte Fläche küssten und kräuselten. Trotzdem wusste ich, dass sie da waren, unsichtbar wie die Würste, von denen Atticus gesprochen hatte.

›Stell dir vor, Orlaith‹, sinnierte ich, ›wir sind auf Schritt und Tritt umgeben von verborgenen Köstlichkeiten. Das ist zugleich tragisch und hoffnungsvoll. Eine Sache, die sich millionenfach verkauft. Vielleicht sollte ich ein inspirierendes Buch mit dem Titel *Die unsichtbaren Speisen dieser Welt* schreiben.‹

›Ach, das wäre wunderbar!‹

›Ja Essen!‹, meinte Starbuck.

Dann ließen wir das Thema erst einmal ruhen, weil Atticus Fragen stellte und auch wir wissen wollten, was im Bahnhof vorgefallen war.

»Vielleicht kannst du das Ganze von Anfang an durchgehen«, bat er.

Sie verfiel in den Ton einer Geschichtenerzählerin. »Ich war im Bahnhof, weil ich einen Bekannten zum Zug um sechs Uhr nach Eugene begleitet hatte – der gleiche wie deiner, bloß in die entgegengesetzte Richtung. Nachdem er abgefahren war, habe ich auf der anderen Seite des Bahnsteigs einen roten Haarschopf bemerkt, der mich an dich erinnert hat. Und als ich genauer hingesehen habe, dachte ich, du bist es wirklich. Aber er hat sich von mir entfernt, und es waren so viele Leute zwischen uns, dass ich mich nicht bemerkbar machen konnte. Also hab ich ihn im Auge behalten und bin ihm nachgelaufen, bis er durch die Tür zur Treppe verschwunden ist – keine Ahnung, wo die eigentlich hinführt. Ich dachte mir, vielleicht ist es dort nicht so belebt, und wir können uns ein bisschen unterhalten. Ich habe ihm zugerufen, er soll warten, und ihn auf dem Treppenabsatz eingeholt. Ich war mir völlig sicher, dass du es bist. Ich habe ihn angelächelt und ihn gefragt, ob er sich an mich erinnert. In diesem Moment ging hinter mir die Tür auf, und er bekam auf einmal große Augen. Ich hab mich umgedreht, weil ich wissen wollte, was da ist, und dem Mörder dadurch eine freie Schussbahn ermöglicht. Über den Täter kann ich dir nicht viel sagen. Dicke Winterjacke wie meine, Handschuhe, über dem Gesicht eine Balaklava und eine Sonnenbrille. Weiß nicht mal, ob es ein Mann oder eine Frau war. Jedenfalls war der Betreffende ziemlich schnell, und die kleine Armbrust war schon angelegt. Hat den Typen vor meinen Augen erschossen. Als dein Zwilling zu Boden ging, war er schon über alle Berge.«

»Der Unbekannte hat also nichts gesagt, sondern sofort geschossen?«

»Ja. Das war kein zufälliger Raubüberfall, sondern ein geplanter Anschlag.«

»Und er ist sofort abgehauen? Hat er nicht zuerst die Taschen des Toten durchwühlt?«

»Nein, das war ich.«

»*Was?*«

Suluk steckte die behandschuhte Hand in ihre Jacke und zog eine Brieftasche heraus. »Ich ging natürlich davon aus, dass du einen Decknamen hast, aber ich hatte keine Ahnung, wie du dich aktuell nennst. Ich dachte, dass ich vielleicht was tun kann, weißt du? Denn wenn jemand Druiden umbringt, dann ist er garantiert nicht auf meiner Seite.« Sie reichte ihm die Brieftasche.

Atticus wirkte nachdenklich. »Gut, dann muss ich meine Bemerkung von vorhin korrigieren. Die Polizei wird *definitiv* nach dir Ausschau halten. Ich meine, natürlich werden sie auch nach dem Unbekannten mit der Balaklava suchen. Aber wenn sie auf den Aufnahmen sehen, wie du nach ihm aus dem Treppenhaus kommst, wissen sie natürlich, dass du den Mord beobachtet hast.«

»Ich hatte die Kapuze auf und den Kopf unten.«

»Sicher nicht die ganze Zeit, während du im Bahnhof

warst, oder? Sie werden das Material zurücklaufen lassen, bis sie entdecken, wie du dich auf dem Bahnsteig von deinem Bekannten verabschiedest. Möglicherweise können sie deinem Gesicht und auch deinem Bekannten sogar Namen zuordnen. Am besten warnst du ihn, dass die Polizei bei ihm vorbeischauen könnte.«

Sie seufzte genervt. »Also höchste Zeit für die Bärengestalt.«

»Seh ich auch so.« Atticus gab ihr eine von seinen Visitenkarten. »Zurzeit bin ich Connor Molloy, und ich habe ein Haus am McKenzie River.«

»Das ist ja ganz in der Nähe! Eine schöne Gegend.«

»Du kannst mich jederzeit gern besuchen. Vielleicht fällt uns eine passende neue Identität für dich ein.«

»Vielleicht mach ich das wirklich. Auf jeden Fall rufe ich dich vorher an. Ich möchte ja nicht die Hunde in Aufruhr versetzen.« Dann wandte sie sich direkt an uns, in der korrekten Annahme, dass wir sie verstanden. »Danke, dass ihr meine Gegenwart ertragen habt. Ihr seid wirklich fabelhafte Hunde.«

Wir starrten sie alle drei mit aufgestellten Ohren und völlig verblüfft an. Schließlich brachte ich ein mentales Flüstern zustande. ›Orlaith, habe ich … haben wir gerade ein Kompliment von einem Bären bekommen?‹

›Was machen wir jetzt?‹, fragte sie. ›Sollen wir uns ärgern oder uns freuen oder was anderes?‹

›Vermutlich sollten wir einfach weiter höflich bleiben. Trotzdem, ich glaub nicht, dass es so was schon mal gegeben hat. Ich hatte keine Ahnung, dass das überhaupt möglich ist! Und weißt du, was das heißt, Orlaith? Wir sind von unsichtbarer Freundlichkeit umgeben, die nur darauf wartet, uns zu überraschen! Und es ist eine freudige Überraschung! Wahrscheinlich sollte ich dieser Erkenntnis ein eigenes Kapitel in meinem Buch widmen.‹

›Ja, das würde ich gerne lesen!‹

Suluk gab Atticus einen Schlüsselbund, den sie ebenfalls aus der Tasche des Mordopfers gezogen hatte, und er fragte nach einem Telefon. Sie antwortete mit einem Achselzucken, dass sie keins gefunden hatte. Dann umarmten sie sich und sagten menschliche Abschiedsworte. Sie winkte uns zu, und wir wufften ihr nach, als sie in den Park verschwand. Ich war schon auf dem Sprung, doch Atticus setzte sich wieder auf die Steinbank.

Er klappte die Brieftasche auf. »Schauen wir doch erst mal, wer mein Doppelgänger war.«

3

Der Mann, der die Wurst versteckte

Atticus schnaubte beim Anblick des Führerscheins. »Hudson Keane? Wer nennt einen irischen Jungen *Hudson*?«

›Jemand, der oft danebenhaut?‹, riet ich.

»Schätze ich auch. Hmm. Zweiundzwanzig Jahre alt. Adresse hier in Portland, nicht weit von hier. Allerdings sollten wir da lieber nicht ohne Detective Ibarra antanzen. Wenn ich das für mich behalte, wird sie nicht begeistert sein und keine Informationen mehr an uns weitergeben.«

›Du möchtest also so ein Geben und Nehmen, das man *Quiche pro Kopf* nennt?‹

»Was? Meinst du Quidproquo?«

›Na ja, weiß nicht. Vielleicht? Aber anders wär's mir lieber. Ich hatte eigentlich auf eine Quiche pro Kopf gehofft.‹

»Und was soll das sein?«

›Na ja, dieser Speckkuchen eben. Darf natürlich ruhig ein bisschen mehr sein als einer pro Kopf.‹

»Setz es einfach auf deine Löffelliste.« Er nahm uns die Leinen ab und erlaubte uns, in der Nähe umherzustreifen, solange wir in Sichtweite blieben. »Wir laufen zum Parkeingang.«

Orlaith und Starbuck wanderten ein bisschen herum zum Beschnuppern und Bepinkeln von Bäumen. Ich blieb an der Seite meines Druiden, als er sein Handy und die Visitenkarte von Detective Ibarra herauskramte.

»Möchtest du nicht auch ein bisschen rumschnüffeln, Oberon? Schließlich sind wir deswegen hergekommen.«

›Kann schon sein, aber mit dem Auftauchen dieses Eichhörnchens hat sich alles geändert. Wir arbeiten jetzt an einem Fall, Atticus. Und möglicherweise hat es jemand auf dich abgesehen. Das heißt, ich habe Wachdienst, bis alles vorbei ist.‹

»Da bin ich dir sehr dankbar, Kumpel. Weißt du was? Der Fleck hier gefällt mir. Ich glaube, hier werde ich einen Baum mit Tír na nÓg verknüpfen, damit wir problemlos wieder herkommen können. Jetzt ruf ich erst mal Detective Ibarra an und schalte auf Lautsprecher, damit du alles mitbekommst.«

Sie meldete sich, und ich hörte ihre Ungeduld, obwohl sie am Handy gepresst und blechern klang. Was geschieht mit menschlichen Stimmen, wenn sie durch eine Telefonleitung geschickt werden? Lebt in den Zwischenräumen eine Art Ungeheuer, das sich von Ausdruckskraft und Fülle des Tons nährt? Vom Timbre? Vielleicht muss ich in mein Buch auch noch ein Kapitel über Klänge aufnehmen, die unseren Ohren entgehen.

»Hallo, Detective«, sagte Atticus. »Ich glaube, ich habe was für Sie. Meine Hunde haben am Tatort eine Fährte aufgenommen, der wir bis zum Washington Park gefolgt sind. Und ich glaube, ich habe die Brieftasche des Opfers gefunden.«

»Sie meinen die Brieftasche des Mannes, der genauso aussieht wie Sie?«

»Ja, richtig. Wäre es Ihnen recht, wenn wir uns am Parkeingang treffen und uns zusammen die Wohnung des Opfers anschauen?«

»Nein, Sie geben mir einfach die Brieftasche.«

»Ich glaube, ich habe ein wenig Entgegenkommen verdient, Detective Ibarra, denn wieder einmal nehme ich Ihnen einen guten Teil der ermittlerischen Tätigkeit in einem Mordfall ab. Könnten Sie mich nicht einfach als Kollegen betrachten oder zumindest als einen Berater? Ich möchte ja nur helfen.«

»Helfen würde mir vor allem, wenn Sie mir die gefundenen Sachen übergeben, damit ich meine Arbeit machen kann.«

»Ich bin gern bereit, Ihnen die Brieftasche auszuhändigen, wenn Sie mich zu seiner Wohnung mitnehmen. Ich bin sehr daran interessiert, dass der Mörder gefunden wird, und kann Sie dabei unterstützen. Oder kennen Sie Namen und Adresse des Opfers bereits?«

»Gottverdammt, Molloy, Sie wissen ganz genau, dass es nicht so ist! Wie heißt er?«

»Holen Sie mich und meine Hunde am Eingang zum Washington Park ab, dann erfahren Sie es. Ach, seine Schlüssel haben wir übrigens auch gefunden.«

»Ernsthaft? Vielleicht auch ein Handy?«

»Leider nein. Bloß die Brieftasche und die Schlüssel. Aber damit hätten Sie doch schon mal einige Anhaltspunkte, oder? Kommen Sie, Detective, wir sind auf der gleichen Seite. Arbeiten wir zusammen!«

Detective Ibarra knurrte etwas Unverständliches und verabredete sich dann mit Atticus. Triumphierend schnaubte ich in die kühle Luft. Druiden rocken!

Einige Zeit später – Stunden, Minuten, Monate, keine Ahnung – zwängten wir uns in Detective Ibarras Automobil, dessen Designer nie mit zwei Wolfshunden auf der Rückbank gerechnet hatten. »O Gott«, brummelte sie immer wieder, als wollte sie ihn anflehen, uns auf wundersame Weise mehr Raum in dem winzigen Wagen zu verschaffen. »Ich hoffe, die haaren nicht so schlimm.«

Oh, das war ein Tiefschlag, wenn ich einmal kurz auf den

Jargon menschlicher Gladiatorensportarten zurückgreifen darf. Das klang ja fast, als wären einzig und allein die Hunde daran schuld, dass Menschen ab und zu in ihren Autos staubsaugen müssen. Menschen haaren doch auch!

Atticus lenkte sie mit der Brieftasche von Hudson Keane ab, und wir Hunde ließen uns von den vielen weggeworfenen Taco-Tüten hinter den Vordersitzen ablenken. Vielleicht handelte es sich um Hinterlassenschaften von Überwachungsaktionen, oder sie fand einfach nie Zeit für ein Mittagessen an einem richtigen Tisch. Dünnes Wachspapier, überzogen mit einer dicken Fettschicht: Verlockender ging es nicht mehr. Auch wenn ihre Vorurteile gegen Hunde nicht unbedingt für die Polizistin sprachen, an ihrer Vorliebe für Carne asada mit frischem Koriander gab es nichts auszusetzen. Selbst tot und vergangen rochen diese Tacos noch immer grandios. Es waren Geist-Tacos, die sich über unser Zuspätkommen mokierten. Ach, Geist-Tacos, ich kann nicht von euch lassen!

›Frag sie, ob sie uns zum Mittagessen mitnimmt, Atticus.‹ Ich achtete gar nicht auf die Unterhaltung der beiden und bekam nur mit, dass sie gerade über das Treppenhaus redeten. ›Dann ersteigen wir die Treppe zum Himmel.‹

Er ignorierte meine Popkulturanspielung, weil Detective Ibarra ihn soeben nach Einzelheiten zu der Brieftasche und den Schlüsseln fragte. Schließlich drangen ihre Worte selbst in meine fetttriefenden Taco-Träume vor. *Wie* hatte er sie gefunden? *Wo* hatte er sie gefunden? Hatte er jemanden in der Nähe beobachtet? Atticus vermied jede Erwähnung von Suluk und behauptete, wir hätten ihn zu der Stelle geführt, wo jemand die Brieftasche und die Schlüssel weggeworfen hatte. Teilweise stimmte das ja auch, denn wir hatten die Spur zum Park verfolgt.

Als wir zur Adresse von Hudson Keane gelangten, legte uns Atticus auf Drängen von Detective Ibarra wieder an die Leine. Anscheinend war ihre Meinung von Hunden, dass wir an einem Tatort ziellos herumrennen und überall hinpinkeln, wo wir nur können. Das stimmt natürlich nicht. Wir pinkeln, wo wir *wollen*, und das ist ein Riesenunterschied.

Das Apartment lag im ersten Stock. Detective Ibarra rief bei ihrer Station oder Wache oder wie das heißt an und informierte ihre Kollegen, dass sie jetzt mit den Schlüsseln die Wohnung des Opfers betrat.

Bloß musste sie gar nicht aufsperren. Die Tür stand einen Spalt offen, und das Schloss hing völlig zertrümmert im Rahmen. Als Detective Ibarra das bemerkte, ließ sie uns zurücktreten und zog ihre Waffe aus dem Schulterhalfter unter ihrer Jacke. Dann telefonierte sie wieder mit dem Revier und forderte Verstärkung an, weil jemand in das Apartment des Opfers eingebrochen war.

»Ich denke, da könnten wir vielleicht das Motiv finden«, sagte sie zu Atticus. »Kommen Sie bitte erst rein, wenn ich Sie rufe.«

Anscheinend wollte sie nicht auf die Verstärkung warten. Mit einem Tritt stieß sie die Tür auf und schlüpfte geduckt hinein, die Pistole im Anschlag.

Nach ein paar Sekunden oder Stunden spähte Atticus um den Türrahmen.

Alles zu Klump geschlagen. Hmm. Anscheinend hat der Mörder Hudson doch nicht verwechselt. Er war tatsächlich das Ziel. Da stellt sich natürlich die Frage, auf was für eine Scheiße er sich da eingelassen hat.

›Echsen‹, antwortete ich.

Wie bitte?

›Da drinnen ist ein Terrarium, in dem ein Kaltblüter haust.

Das kann ich riechen. So was Schlangen-Echsen-Reptilienartiges.‹

Interessant. Hey, bevor wir reingehen, schnuppert doch alle drei mal hier am Türrahmen und an der Schwelle. Riecht ihr vielleicht Aromen, die auch im Bahnhof waren – außer Hudson, natürlich? Wenn es eine Übereinstimmung gibt, könnte das der Killer sein.

Wie gewünscht setzten wir unsere Spürnasen ein. Ich schnappte nichts auf und auch Orlaith nicht, doch Starbuck fing an zu knurren. Er erkannte einen Geruch vom Bahnhof wieder und drängte zur Treppe.

Hast du was entdeckt, Starbuck? Dann los, geh voraus, aber immer schön langsam. Ihr bleibt erst mal alle an der Leine.

Wir folgten Starbucks Schnauze nach unten und hinaus auf den Parkplatz, wo er sich sofort von Detective Ibarras Auto abwandte. Die Fährte führte an einem dekorativen Pflanzenbeet beim Haus vorbei und fast bis zur Mauer. Offenbar hatte da jemand ganz bewusst die Gehsteigmitte gemieden und war dicht am Gebäude entlanggeschlichen.

Starbuck leitete uns zu dem Stellplatz direkt an der Straße, auf dem ein unscheinbarer Wagen mit vier Türen parkte. Hinten war etwas mehr Raum für Wolfshunde, aber nicht viel. Starbuck lief um das ganze Auto, dann schnaubte er frustriert.

›Nein Eichhörnchen!‹ Traurig setzte er sich hin und faltete die Ohren flach an den Kopf. Er hatte schlechte Nachrichten für uns: Die Spur endete hier.

Schon gut, Starbuck, das hast du super gemacht! Anscheinend ist das nicht das Auto des Mörders. Er hat bloß vor einer Weile hier geparkt. Atticus trat hinter den Wagen und reckte den Kopf zum Haus, als würde er dort etwas suchen. *Aha, siehst du das?* Er deutete zum Eingang.

Ich stand auf dem Schlauch. ›Was meinst du?‹

Da an dem Lichtmast, ungefähr in vier Metern Höhe. Eine Überwachungskamera, die auf den Parkplatz gerichtet ist. Wir müssen Detective Ibarra informieren, damit sie das Bildmaterial sichert. Ach, Scheiße!

›Was ist?‹

Wir sind einfach abgehauen, ohne ihr zu sagen, wohin! Ich weiß nicht mal, ob sich in dem Apartment noch jemand rumgetrieben hat! Götter der Unterwelt, ich werde nie ein guter Cop werden. Schnell, wir müssen sofort wieder rauf!

Atticus spurtete mit langen Schritten los, trotzdem hielten wir natürlich mühelos sein Tempo. Als wir die Stufen zu Keanes Wohnung hinaufhetzten, rief er: »Detective Ibarra! Detective!«

Er seufzte vor Erleichterung, als sie endlich antwortete, auch wenn sie nicht besonders froh klang. »Ja, ich bin hier. Alles klar. Wo waren Sie denn auf einmal?« Mit verschränkten Armen stand sie bei der Tür und machte ein finsteres Menschengesicht. Anscheinend war sie nicht gut auf ihn zu sprechen.

Atticus steckte die Hände in die Taschen und wandte den Blick ab. Er zog die Schultern nach vorn und redete mit viel weniger Selbstvertrauen als normalerweise. Von ihm weiß ich, dass das ein *belämmerter* Ausdruck ist. Allerdings haben Lämmer keine Taschen, und mir ist auch sonst nicht ganz klar, was es damit auf sich hat.

»Meine Hunde haben offenbar einen Geruch von der Treppe am Bahnhof wiedererkannt, und dem sind wir nach draußen zum Parkplatz gefolgt. Es gibt eine Überwachungskamera, Sie können also die Bilder überprüfen. Vielleicht finden Sie so das Kennzeichen raus oder kriegen sogar eine Aufnahme vom Gesicht des Killers.«

»Was?« Die Polizistin hob eine Hand und wackelte drohend mit dem Finger. »Nein nein nein nein nein. Das ist *genau* der Grund, warum wir keine Berater haben. Was Sie hier treiben und erzählen, ist so daneben, dass ich gar nicht weiß, wo ich anfangen soll.«

»Gut, wie wär's mit Wissenschaft?«

»Was denn für eine Wissenschaft?«

»Die Wissenschaft der Olfaktorik. Jeder Mensch hat einen Geruch, der so einzigartig ist wie seine Fingerabdrücke. Hunde können das feststellen und damit Leute aufspüren. Und genau das haben sie gemacht. Sie haben den Geruch von jemandem gefunden, der in dem Treppenhaus am Bahnhof war – und damit meine ich nicht Hudson Keane.«

»Und woher zum Teufel wollen Sie das wissen? Haben die Hunde es Ihnen erzählt?«

»Nein, sie sind bloß gut trainiert.«

Hähä! Ich liebe es, wenn Atticus andere Leute anschummelt, weil sie nicht erfahren dürfen, dass wir miteinander reden. Sie fallen immer darauf herein.

»Das sind keine Bluthunde«, wandte Detective Ibarra ein.

»Fast alle Hunde können solche Spuren aufnehmen. Bluthunde sind zwar für diese Fähigkeit berühmt, aber die Nasen von meinen Hunden reichen auch. Man kann sie so trainieren, dass sie erkennen, was dazugehört und was nicht. In den Lehrfilmen halten die Leute immer ein Tuch hoch und fordern den Hund auf, es zu finden. Doch es funktioniert auch so, dass sie nach etwas suchen, das dem Geruch *nicht* entspricht. Dann konzentrieren sie sich auf das Neue und folgen ihm. Das war unser Ansatz hier. Starbuck – der Boston Terrier – hat die Übereinstimmung entdeckt. Wenn Sie mir nicht glauben, kann ich auch nichts machen.«

»Kein Wort glaube ich Ihnen. Und wissen Sie auch, warum? Selbst wenn man Hunde so ausbilden kann – und da bin ich mir überhaupt nicht sicher –, bleibt die Tatsache, dass der Hund noch keine zwei Wochen bei Ihnen ist.«

»Er war bereits ein trainierter Champion, und ich verstehe eben was von meiner Arbeit. Tut mir leid, wenn ich mich in Ihre einmische, ich würde eben gern helfen. Dass wir hier sind, haben wir schließlich bloß meinen Hunden zu verdanken. Und es kann bestimmt nicht schaden, die Aufnahmen zu prüfen, oder? Wahrscheinlich hätten Sie das sowieso getan.«

»Natürlich, das hätte ich. Weil das belastbares Beweismaterial ist – im Gegensatz zu Behauptungen eines Hipsters über die wundersamen Fähigkeiten seiner Hunde.«

Völlig unbeeindruckt grinste Atticus sie an. »Dürfen die Hunde dieses Hipsters ein bisschen herumschnuppern, bevor die Verstärkung anrollt und hier alles niedertrampelt?«

»Damit am Tatort auch noch Hundehaare rumfliegen? Das können Sie vergessen.«

›Wow, die hat wirklich einen Haarkomplex, Atticus. Bestimmt eine Projektion. Ich wette, sie hat ständig mit einem verstopften Abfluss zu kämpfen.‹

»Und was ist mit mir? Kann ich mich mal kurz umschauen, wenn ich nichts anfasse?«

Ihr Blick fiel auf uns.

»Ach, keine Sorge, die bleiben hier sitzen.« *Bitte haltet euch daran,* fügte Atticus mental hinzu. Dann zwängte er sich an ihr vorbei, bevor ihr ein Einwand einfiel. Sie behielt uns streng im Auge, und das kam mir irgendwie komisch vor. Dann begriff ich: Sie wartete darauf, dass wir uns schlecht benahmen, damit sie Atticus Schwierigkeiten machen konnte. Keine Chance, Detective.

›Hey, Atticus, könntest du als Erstes gleich den Kühlschrank überprüfen?‹

›Ja Essen!‹ Starbuck war begeistert.

›Genau, ich erinnere mich, dass uns jemand für unser gutes Benehmen im Zug was in Soße versprochen hat‹, ergänzte Orlaith.

Ach Mist, tut mir leid. So was vergesse ich normalerweise nie. War wohl alles ein bisschen viel nach der Ankunft hier in Portland.

Atticus riss ein Stück Küchenpapier von einer Rolle unter dem Schrank.

Das Geräusch machte die Polizistin aufmerksam. »Hey, Sie haben gesagt, Sie fassen nichts an!«

»Ich schau mir den Kühlschrank an und hinterlasse keine Fingerabdrücke.«

»Warum?«

»Will bloß sichergehen, dass keine menschlichen Leichenteile drin sind. Außerdem haben meine Hunde Hunger.« Ich hörte das Klirren von Gläsern, als er die Tür öffnete, und malte mir ihren Inhalt aus. Mayonnaise wahrscheinlich oder Essiggurken. Hoffentlich kein Senf. Eine Weile hörte ich nichts mehr, daher ging ich davon aus, dass er sich einen Überblick verschaffte. Dann meldete er: »Anscheinend war Mr Keane Vegetarier.«

Ich imitierte den frustrierten Vizzini aus *Die Braut des Prinzen.* ›Wuäh!‹

›Das heißt, es gibt nichts zu essen!‹, rief Orlaith. Starbuck wimmerte bloß.

Ich hörte Atticus Schubladen aufziehen und vor sich hin murmeln, als er sie inspizierte. »Tofustücke, Sojakäse … das bringt alles nichts. Ah, was haben wir denn da hinten?«

Detective Ibarra verließ die Schwelle und verstellte uns

nicht mehr den Blick. Daher konnte ich erkennen, dass er eine Plastiktüte hochhielt, deren Inhalt verheißungsvoll aussah. »Ich glaube, das ist eine Sommerwurst! Wahrscheinlich hatte er sie für fleischessende Freunde gekauft und sie dann verräumt und vergessen. Ist es in Ordnung, wenn ich sie den Hunden gebe? Und bevor Sie Nein sagen, Detective, denken Sie bitte daran, dass wir nur wegen ihnen hier sind.«

Sie warf einen kurzen Blick darauf und gab seufzend nach. »Also gut, ich schätze, er braucht sie nicht mehr. Aber alles andere bleibt, wo es ist. Ich muss mich auf jeden Fall noch nach Datenträgern oder einem Telefon umschauen. Dass wir nichts dergleichen gefunden haben, macht mir Sorgen.«

»Danke.«

Sie verschwand in einen Gang. Was sie vorhatte, interessierte uns gerade nicht so besonders, weil Atticus mit einer Wurst auf uns zusteuerte, und das war das Entscheidende. Orlaith und ich fegten den Bereich vor der Tür praktisch mit unseren Schwänzen sauber, und der zwischen uns sitzende Starbuck bebte vor Aufregung.

Lächelnd kauerte sich Atticus vor uns hin. »Das stillt schon mal den ärgsten Hunger, bis ich euch was mit Soße drauf besorgen kann.« Er öffnete die Tüte, und ein himmlischer Duft entfaltete sich. Ja, wir sabberten alle. Doch als Atticus die Wurst herausholte – ein großer, solider Zylinder aus geräuchertem Rind, der am angeschnittenen Ende ein herrlich durchwachsenes Muster zeigte –, begriffen wir gleichzeitig, dass es ein Problem gab: Wie sollte er die Köstlichkeit unter uns aufteilen?

»Ach, jetzt hab ich kein Messer mitgebracht, wie dumm von mir. Entschuldigt bitte. Eine Sekunde.«

Orlaith bat um eine Erklärung, als Atticus sich nicht bewegte und bloß weiter das Ende der Wurst anstarrte. ›Ähm, wie lang ist eine Sekunde noch mal?‹

›Im Grunde ist es ein völlig nutzloses Maß, weil es bei Menschen praktisch alles bedeuten kann‹, antwortete ich. ›Und da wundert er sich, dass ich Schwierigkeiten mit dem Einschätzen der Zeit habe.‹

»Wartet mal, das kommt mir komisch vor.« Atticus senkte die Stimme. »Da ist ein Spalt oder so.« Er legte Finger und Daumen auf die Mitte der Wurst und zog mit ganz wenig Kraft ein sauberes Stückchen heraus. Dahinter zeigte sich ein gleichmäßiges Loch, das viel tiefer war als der rechteckige Happen in seiner Hand.

›Och! Er hat die Wurst ausgehöhlt? So was bringt doch nur ein Monster fertig! Ich sag dir, Atticus, diese Vegetarier müssen aufgehalten werden!‹

»Es ist ausgehöhlt, weil er da was reingesteckt hat.« Inzwischen flüsterte Atticus schon fast. Er warf den kleinen Happen Starbuck zu, der ihn mit dem begeisterten Ausruf ›Ja Essen!‹ in der Luft auffing.

Atticus schüttelte die Wurst über seiner Hand auf und ab, und kurz darauf fiel ein schmaler, schwarzer Quader aus Plastik heraus. Ohne ihn lang zu studieren, stand er auf und schob ihn in die Tasche.

»Bleibt bitte hier. Ich hol bloß was zum Aufschneiden. Danke für eure Geduld.«

›Warte, Atticus, was war das für ein Ding, das du da eingesteckt hast?‹

Atticus schaltete auf seine mentale Stimme um, damit ihn Detective Ibarra nicht hören konnte. *Das weiß ich noch nicht so genau. Kann mir aber gut vorstellen, dass es der Grund ist, warum Hudson Keane ermordet wurde. In der ganzen Wohnung kein Compu-*

ter und kein Telefon und jetzt auf einmal ein USB-Stick, mit größter Sorgfalt versteckt in einer Wurst, die ganz tief im Kühlschrank eines Vegetariers vergraben war … Der kleine Schnitt ist weder mir noch Detective Ibarra aufgefallen. Auf jeden Fall muss Hudson der Inhalt des Sticks wichtig gewesen sein, sonst hätte er nicht so viel Aufwand betrieben.

Mit einem Stück Küchenpapier zum Schutz gegen Fingerabdrücke wühlte Atticus in der Küche herum, bis er ein Schneidbrett und ein Messer gefunden hatte. Er wickelte das Papier um den Griff und fing an zu sägen.

›Das heißt, wenn du jetzt die Wurst aufschneidest, dann vernichtest du Beweise?‹

Richtig.

›Dann wird das also nichts mit der Quiche pro Kopf?‹

Nein.

›Da kannst du aber gewaltige Scherereien kriegen, wenn sie das rausfindet.‹

Stimmt.

›Und warum machst du das dann?‹

Weil ihr Hunger habt. Und weil ich der Meinung bin, dass unsere unorthodoxen Methoden im Moment viel schneller zum Ziel führen als konventionelle Polizeiermittlungen. Wenn Detective Ibarra endlich das Material der Überwachungskamera am Parkplatz auswertet, wird sie bestimmt bloß eine von Kopf bis Fuß vermummte Person ohne besondere Merkmale und das Kennzeichen eines gestohlenen Fahrzeugs sehen. Und ich wette, dass diese Person schon bald aus den Aufnahmen verschwinden wird, weil sie auf dem Weg zum Eingang an der Hausmauer entlanggeschlichen ist. Der Täter hat also schon vorher gewusst, wo die Kameras sind. Außerdem hat er eine Waffe angefertigt und benutzt, die man anschließend mühelos wieder einschmelzen kann. Er hat in der Öffentlichkeit auf Hudson geschossen und ist geflohen. Ein professio-

nell durchgeführter Mord, bloß dass zufällig Suluk aufgetaucht ist. Und überleg mal: Wenn sie Keane nicht nachgelaufen wäre, weil sie ihn mit mir verwechselt hat, dann hätte der Killer ihn allein und ohne Zeugen in diesem Treppenhaus erwischt. Wie Suluk schon angemerkt hat, das war kein Verbrechen aus Leidenschaft und auch kein unglücklicher Zufall. Es war ein minuziös geplanter Anschlag, und das heißt, dass es um viel Geld geht. Und weißt du, was das für die Polizeiermittler bedeutet?

Ich musste nur kurz nachdenken. ›Sie werden ab einem bestimmten Punkt auf einen Haufen Anwälte stoßen.‹

Genau. Verzögerungen und Hürden, und die Schurken können sich in aller Ruhe aus dem Staub machen. Diesen ganzen Heckmeck ersparen wir uns. Wir sind den Kerlen schon jetzt dichter auf den Fersen, als sie es je für möglich gehalten haben.

Atticus legte das Messer weg und brachte uns das Brett, das er mit dem Küchenpapier hielt. Schnell nacheinander warf er uns die Wurstbrocken zu, die wir sofort aufschnappten, und alles war in einem Jahrzehnt oder so verputzt, ohne dass etwas zu Boden fiel.

›Njam! Dieses Beweismaterial war wirklich köstlich‹, sagte Orlaith. Starbuck und ich waren der gleichen Meinung. ›Trotzdem hab ich noch Hunger. Kriegen wir auch noch was mit Soße?‹

Und ob. Ich verabschiede mich bloß noch schnell von Detective Ibarra, dann gibt's mindestens eine Quiche pro Kopf.

Kaum hatte Atticus das gesagt, als wir plötzlich ihre Stimme aus dem Apartment hörten. »Ah! Gottverdammtes Mist …«

Mein Druide ließ das Brett fallen und schoss wie der Blitz in die Wohnung. »Detective?«

»Schon gut«, kam ihre Antwort. »Bin bloß erschrocken. Das ist wirklich eine verdammt große Echse.«

»Hmm. Ja, tatsächlich. Ein beeindruckender Leguan. Und nicht in seinem Terrarium.« Gleichzeitig wandte sich Atticus an mich. *Volltreffer, Kumpel. Echse im Haus.*

›Mmm, Leguan! Das Huhn der Bäume!‹ Möglicherweise leckte ich genau in diesem Moment das Schneidbrett ab, doch dank meiner Multitaskingfähigkeiten konnte ich gleichzeitig Wurstreste zu mir nehmen und über Huhn nachdenken.

»Ja.« Detective Ibarra klang nachdenklich. »Alles aufgewühlt. Steine, Sand, Scheiße, alles durcheinander. Die müssen nach was gesucht haben.«

Atticus wusste genau, wonach sie gesucht hatten, weil es schon in seiner Tasche steckte. Natürlich band er ihr das nicht auf die Nase. »Hmm, merkwürdig. Also, Detective, meine Hunde sind gefüttert, und ich möchte Sie nicht weiter bei der Arbeit stören. Trotzdem würde ich Ihnen gern helfen. Könnten Sie mich bitte anrufen und mir mitteilen, was Sie über Hudson Keane rausfinden? Ich fahre heute Abend nach Eugene zurück, aber ich bin flexibel. Wenn Sie mich brauchen, stehe ich Ihnen gern zur Verfügung.«

»Also schön. Danke, Molloy. Ich ruf Sie an, sobald wir etwas wissen.«

Als wir das Ende der Treppe erreichten, traf gerade Detective Ibarras Verstärkung am Parkplatz ein. Wir drei Hunde verließen das Gebäude, und die Leinen, an denen uns unser Druide führte, konnten uns nicht bremsen. Wir waren der Polizei weit voraus auf dem Weg zur Gerechtigkeit – und zur Bratensoße natürlich. Genau genommen ist das sowieso praktisch das Gleiche.

4

Verschlüsselte Nachrichten

Atticus führte uns in die Random Order Pie Bar, damit wir drei Hunde die kräftige Soße in den Pasteten genießen konnten, denn er hatte einen feierlichen Soßenschwur geleistet, und den musste er einhalten. Während wir aßen, telefonierte er, und wir hörten seiner Seite des Gesprächs zu.

»Hi, Earnest, Connor Molloy hier. Sag mal, du bist doch so eine Art Computergenie, da hab ich mich gefragt, ob du vielleicht einen unabhängigen Rechner parat hast, auf dem man einen verdächtigen USB-Stick auf Viren und Ähnliches prüfen kann, ohne dass man im Netz ist. Hast du? Fantastisch. Könntest du vielleicht was für mich unter die Lupe nehmen? Ich bezahl dir auch deine Arbeitszeit, und wenn es was Schreckliches ist, das deinen Rechner zerstört, dann ersetze ich dir natürlich den Schaden, versprochen.« Er schwieg und ließ Earnest antworten. »Natürlich. Ich kann heute vorbeikommen und bräuchte nur noch deine Adresse. Was trinkst du gern? Ich bring was mit. Danke.«

›War das Earnest Goggins-Smythe, der Mensch von Jack dem Pudel und Algy dem Boxer?‹ Wir hatten sie neulich kennengelernt, weil Jack entführt worden war und wir ihn retten mussten.

»Ja. Wir sind mit ihnen in Eugene verabredet.«

Danach rief er einen richtigen Privatdetektiv in der Stadt

an, und wir brachten ihm Geld vorbei. Er sollte möglichst schnell Nachforschungen zu Hudson Keanes Vergangenheit und Familie anstellen. Danach hatten wir bis zu unserem Besuch bei Earnest nichts mehr zu tun und konnten endlich die reichhaltigen Düfte der Parks von Portland erschnuppern.

Das bedeutete allerdings, dass wir bei unserer Ankunft am Bahnhof ziemlich geschafft waren und den Zug nur noch flüchtig auf Eichhörnchen prüfen konnten, bevor wir einstiegen und uns zum Schlafen zusammenrollten. Wir erfuhren nie, ob das Eichhörnchen wieder aus dem Treppenhaus herausgefunden hatte oder nicht.

In Eugene teilte uns Atticus mit, dass er inzwischen zwei Anrufe erhalten hatte. Auf dem Weg zu Earnests Haus brachte er uns auf den neuesten Stand.

»Hudson Keane hatte deshalb so große Ähnlichkeit mit mir, weil er ein Nachfahre von mir war, wenn auch mehrere Generationen entfernt. Ende des neunzehnten Jahrhunderts hatte ich mich in New York vor AENGHUS ÓG versteckt, und meine damalige Beziehung zu einer Frau führte über hundert Jahre später zu seiner Geburt.«

›Heilige Katzenscheiße, Atticus, das tut mir leid.‹

»Ja, das ist wirklich traurig. Hudson hatte anscheinend nicht nur mein Aussehen geerbt, sondern auch meine Paranoia, obwohl er offenbar vor einer glänzenden Zukunft stand.«

›Was meinst du damit?‹

»Du erinnerst dich doch, dass die Polizei kein Telefon bei ihm gefunden hat. Das lag einfach daran, dass er keins hatte. Und wenn doch, dann hat er anscheinend nur Wegwerfhandys benutzt wie ich. Überhaupt ist sein digitaler Fußabdruck lächerlich klein. Mit seiner Kreditkarte hat er lediglich seinen

Kaffee in verschiedenen Cafés im ganzen Stadtgebiet bezahlt – offenbar hat er die Lokale ganz bewusst ständig gewechselt. Alle anderen Finanztransaktionen beschränken sich auf Einzahlungen und Abhebungen von Bargeld. Wo es herkam, ist völlig unklar. Nach außen hin war er arbeitslos, trotzdem muss er irgendwoher ein inoffizielles Einkommen bezogen haben. Im Moment können wir nur spekulieren, dass er an einem supergeheimen wissenschaftlichen Projekt beteiligt war.«

›Welcher Art? Hoffentlich nicht das eines wahnsinnigen Wissenschaftlers?‹

»Hudson hat letztes Jahr am Massachusetts Institute of Technology seinen Abschluss als Chemieingenieur gemacht. Mit einundzwanzig, das heißt, er war hochbegabt. Und hat für jemanden gearbeitet, der keine offiziellen Aufzeichnungen wünschte. Ich kann nur hoffen, dass es nicht um Drogen ging.«

›Meinst du, er hat ein Geheimlabor hinter einer Bücherwand, die sich öffnet, wenn man einen Band von Paracelsus rauszieht? Moment! Atticus, was ist, wenn er zu den Typen gehört, die an dem schwer zu fassenden Triple Nonfat Double Bacon Five Cheese Mokka arbeiten, wie von der Prophezeiung vorhergesagt?‹

»Götter der Unterwelt, das hatte ich ja schon ganz vergessen. Du hast mir nie erzählt, wo du das eigentlich herhast. Aber egal, die Antwort finden wir bestimmt auf dem USB-Stick.«

Earnest Goggins-Smythe war ein wirklich netter Typ mit einem bedauerlichen Fußschweißproblem und der Gewohnheit, T-Shirts von Comicfestivals zu tragen. Diesmal war es eins mit Motiven aus dem Film *Tucker and Dale vs Evil.* Atticus erklärte mir, dass er ein britischer Expatriate war – vielleicht oder vielleicht auch nicht das Gleiche wie ein Expatriot, das ließ sich nicht so leicht ausmachen.

Earnest arbeitete zu Hause als IT-Experte und führte nebenher Hunde vor. Deshalb konnte ich mir nicht vorstellen, dass er außer einem Anzug für die Ausstellungen noch viele andere Klamotten besaß. Nach unserer Ankunft beachtete er praktisch nur mich, Orlaith und Starbuck und wollte von Atticus lediglich wissen, ob er uns mit Leckerlis versorgen durfte. Atticus hatte nichts dagegen und schaute sich um, während Earnest uns tätschelte und dabei alberne Geräusche von sich gab.

Wir befanden uns in einer Art Wohnzimmer, das Earnest sich als extra großes Büro eingerichtet hatte. Er besaß einen von diesen besonders langen Tischen, wie man sie in Bibliotheken findet, mit Leselampen an beiden Enden, einer Art Luxusbürostuhl vor seiner Workstation und zwei Esszimmerstühlen gegenüber. Sein Arbeitsbereich hatte drei Monitore und zwei Tastaturen. Auf einem Bildschirm war ein Code, der nach etwas aus *Matrix* aussah, auf dem zweiten ein angehaltenes Videospiel, und auf dem dritten lief mit stark reduzierter Lautstärke der Sciencefiction-Film *Arrival*, den ich an den Geräuschen der Heptapoden wiedererkannte.

»Das Notebook steht da hinten«, erklärte er Atticus in seinem britischen Akzent, »betriebsbereit. Außer Antivirusprogrammen ist nicht viel drauf. Lass sie über deinen Stick laufen. Wenn alles in Ordnung ist, können wir uns das auf meiner Station genauer anschauen.«

Atticus bedankte sich, und ich schickte ihm eine mentale Bitte. ›Hey, kannst du mich auf dem Laufenden halten, während ich hier mit Huldigungen überschüttet werde?‹

Klar, Kumpel.

Earnest holte sich von Atticus die Genehmigung, uns mit nach hinten zum Spielen mit Jack und Algy zu nehmen. Schneller als die Zeit erlaubt, waren wir draußen beim Hinterntreffen und hatten einen Riesenspaß.

Ich steckte schon mitten in einem freundlichen Kau- und Boxkampf mit Algy, als sich Atticus mit seinen ersten Erkenntnissen meldete.

Hier sind drei verschlüsselte Dateien drauf. Und ich habe drei Dechiffrierschlüssel von Detective Ibarra.

›Sie hat dir Dechiffrierschlüssel für die Beweise gegeben, die du gestohlen hast?‹

Sie hatte keine Ahnung, worum es sich handelt. Es sind bloß drei Reihen mit vierundsechzig Zahlen auf einem Zettel, den er hinten an die Wand seines Kleiderschranks geklebt hatte. Sie dachte, es ist irgendein Code, den sie mir ruhig überlassen kann, weil er harmlos ist.

›Haha! Kleiner Irrtum, was?‹

Hier laufen gerade Virenscans. Bestimmt ist alles in Ordnung, aber sicher ist sicher. Wie läuft's bei euch?

›Orlaith ist gerade gegen Algy angetreten und hat ihn umgeworfen. Er konnte es nicht glauben und ist jetzt richtig ungestüm. Weißt du, *ungestüm* ist einer von diesen Begriffen, die man genauso gerne ausspricht, wie man sie verkörpert.‹

Danach wurde auch ich beim Spielen ungestüm und bekam eine Zeit lang nichts anderes mehr mit. Schließlich trat Atticus heraus und sagte Earnest, dass der USB-Stick sauber war und dass er die Dateien jetzt gern auf dem großen Rechner anschauen würde.

Earnest meinte, dass wir einfach weiterspielen sollten, während sie nach drinnen gingen, und ich erinnerte Atticus daran, dass er mich laufend informieren musste.

In Ordnung. Erste Datei wird entschlüsselt. Hmm. Eine Worddatei mit dem Namen Stable Solar. Jetzt wird sie geöffnet. Moment, ich überfliege das mal schnell … Heilige Scheiße!

›Was ist denn?‹

Ähm, ja, anscheinend war mein Nachkomme ein Genie und hat die Energieprobleme der Welt gelöst. Wenn das stimmt, hätte er damit alle aktuellen Energieproduzenten gegen sich aufgebracht. Kein Wunder, dass er paranoid war.

›Solar? Ich dachte, das gibt es schon längst.‹

Sicher, aber der Grund, warum Solarenergie Gas, Kohle und alle anderen noch nicht völlig verdrängt hat, ist ihre Ineffizienz. Damit nachts weiter die Lichter brennen, bräuchten wir viel bessere Batteriespeicher. Er behauptet hier, dass er für beides Lösungen entdeckt hat. Angeblich hat er die Leistungsfähigkeit von Perowskitzellen auf neunundvierzig Prozent gesteigert – das ist wirklich viel, damit wäre Solarenergie auch im hohen Norden verwendbar – und ein Mittel gegen den schnellen Verfall von Perowskitoberflächen in feuchter Umgebung gefunden. Außerdem hat er auch eine neue wiederaufladbare Batterie erfunden, die den überschüssigen Strom für die Nacht speichert. Jedenfalls wissen wir jetzt, warum er ermordet wurde.

›Gibt es Beweise für diese Theorien?‹

Ich nehme mal an, dass die anderen zwei Dateien Schaltpläne zu den Zellen und der Batterie enthalten. Wir werden sehen. Entscheidend ist, dass schon die Bedrohung, die von diesen Theorien ausgeht, als Tatmotiv reicht. Das wusste er auch, und deswegen hat er das Ganze möglichst anonym betrieben.

›Also deshalb haben die seine Wohnung demoliert. Sie haben nach diesen Informationen gesucht. Das heißt, bald werden sie auch nach dir suchen!‹

Niemand außer euch weiß, dass ich den Stick habe, und ihr werdet es nicht weitererzählen. Und vielleicht haben sie gar keine Ahung, dass er existiert. Wahrscheinlich haben sie seinen Computer und geben sich damit zufrieden. Wenn sie nach jemandem suchen, dann nach einem gewissen Dr. Ignacio Medina, der hier in dem Artikel genannt wird. Er ist der Elektroingenieur im Team. Ich muss dringend Detective Ibarra anrufen. Aber lass mich erst noch nachschauen, worum es in den anderen Dateien geht.

›Moment mal, Atticus, willst du ihr erzählen, dass du den Stick am Tatort gestohlen hast? Die wirft dich glatt ins Gefängnis!‹

Nein, ich werde ihr bloß sagen, dass sie nach Dr. Medina suchen soll. Hmm. Ja, das sind Schaltpläne für eine weltverändernde Technologie. Damit ist klar, warum Hudson sterben musste. Wir wissen bloß noch nicht, wer die Täter sind.

›Ich möchte das Telefongespräch mit Detective Ibarra hören! Lass mich rein!‹

Klar. Wir können sowieso aufbrechen. Ich bin hier fertig.

Zum Abschied kniff ich Algy und Jack noch einmal leicht ins Ohr, dann holte uns Atticus aus dem rückwärtigen Garten. Beim Auseinandergehen dankte er Earnest, allerdings ohne ihn ins Ohr zu beißen.

Als wir zusammen im Pick-up saßen, wählte er die Nummer der Ermittlerin. »Ich möchte Ihnen nur für alle Fälle was mitteilen, Detective, auch wenn Sie es vielleicht schon wissen. Keane hat eng mit einem gewissen Dr. Ignacio Medina zusammengearbeitet. Wäre wahrscheinlich eine gute Idee, ihn aufzuspüren.«

»Nein, davon habe ich noch nichts gehört. Wie haben Sie das rausgefunden?«

»Über einen Privatdetektiv.«

»Aha, und wie heißt der?«

»Das möchte ich lieber für mich behalten.«

Sie seufzte. »Das geht nicht. Ehrlich, Molloy, einerseits bin ich Ihnen ja dankbar für Ihre Hilfe. Aber andererseits sind Ihre Methoden ein gefundenes Fressen für Verteidiger, die vor Gericht Zweifel an der Beweisführung der Anklage säen wollen. Entweder werden die Ihre Aussage zerpflücken oder dafür sorgen, dass Ihre Beweise nicht zugelassen werden, weil wir nicht erklären können, wie wir sie gefunden haben. Helfen können Sie uns nur, wenn Sie entgegenkommender sind. Andernfalls brauchen Sie eine Lizenz als Privatdetektiv, oder Sie lassen sich bei uns als Informant registrieren. Ich kriege sowieso schon Kopfschmerzen, wenn ich daran denke, wie ich berichten soll, unter welchen Umständen Sie die Brieftasche und die Schlüssel entdeckt haben.«

»Gut, ich gestehe. Ich bin nicht Connor Molloy, sondern ein anonymer Anrufer, der Ihnen mit seinem Telefon einen Tipp zum Mordfall Keane gibt. Ignacio Medina hat mit dem Opfer zusammengearbeitet. Möglicherweise weiß er was.«

»Verdammt, ich …« Den Rest von Ibarras Antwort schnitt Atticus mit einem Tastendruck ab.

›Du treibst sie ständig in den Wahnsinn, Atticus. Findest du das schlau? Vielleicht solltest du sie als Entschädigung zu Tacos einladen oder so, damit ihr euch ein bisschen näherkommt. Ich weiß aus erster Hand, dass sie Carne asada mit Koriander mag. Und du solltest gleich ein paar mehr kaufen, damit wir uns von der Qualität überzeugen können.‹

»Ein andermal vielleicht. Jetzt muss ich erst mal nach Hause. Für heute reicht mir der Trubel.«

5

Eule sticht Drohne

Nach erholsamem Schlummer erwachten wir vom Geruch des Frühstücks, das Atticus in der Küche zubereitete. Für sich selbst macht er gern Omeletts mit Gemüse drin, doch für uns brät er immer Schinkenspeck oder Wurst, und manchmal gibt es sogar noch Soße obendrauf. An diesem Morgen servierte er mit Selleriesalz gepökelten und mit Kirschholz geräucherten Bacon mit Rührei. Ein Gedicht, köstlich und mürb.

Danach patroullierten wir Hunde draußen eine Weile an den Grenzen unseres Grundstücks entlang, um uns zu vergewissern, dass sich keine Eichhörnchen herumtrieben, und als wir wieder ins Haus zurückkehrten, saß Atticus vor seinem Computer und staunte über die Pläne von Hudson Keane und Ignacio Medina.

»Genies.« Er schüttelte den Kopf. »Ich glaube, ich muss noch mal die Schulbank drücken. Die Wissenschaft schreitet so schnell voran.«

Er legte uns *Annies Männer* in den Blu-Ray-Spieler, damit ich Starbuck etwas über Baseball und die Lavaechsen auf den Galapagos-Inseln beibringen konnte. Wir waren gerade bei der Stelle, als Crash Davis zu Ebby Calvin LaLoosh sagt: »Ich hab gehört, du triffst nicht mal Wasser, wenn du aus 'nem Boot fällst«, da läutete das Telefon. Atticus schaltete den Film auf Pause und das Handy auf Lautsprecher.

Detective Ibarra war dran. »Medina wurde in Eugene am Bahnhof getötet. Gleiche Methode wie bei Hudson Keane. Ein Bolzen aus Hartplastik im Kopf. Offenbar hatte Keane Medina in Portland zum Zug nach Eugene begleitet.«

»Wo wurde er gefunden?«, fragte Atticus.

»Auf der Männertoilette.«

»Hm. Es kann jedenfalls nicht derselbe Killer gewesen sein.«

»Nun, theoretisch wäre es möglich, doch er hätte fahren müssen wie ein Henker, um den Zug zu überholen. Und in diesem Fall hätte er nicht rechtzeitig nach Portland zurückkehren und vor unserem Eintreffen Keanes Wohnung durchwühlen können. Wir haben es also eindeutig mit mehreren Tätern zu tun.«

»Wo wohnt Medina?«

»Ich rufe Sie aus seinem Apartment in East Portland an. Alles gefilzt, wie bei Keane. Bisher sind keine verborgenen Zahlenreihen aufgetaucht. Zum Glück auch keine verdammten Leguane. Finanziell ein ganz ähnliches Bild wie bei Keane. Haufenweise Kreditkartenabbuchungen für Besuche in Cafés und Donut-Läden – die Marke Voodoo hatte es ihm besonders angetan. Alles andere wurde anscheinend mit Bargeld abgewickelt.«

»Da hat also jemand unter der Hand zwei Ingenieure finanziert. Allerdings wissen wir nicht, wo sie gearbeitet haben. Vielleicht in diesen Cafés?«

»Nein. Wie sich herausgestellt hat, hatten sie am Bahnhof im ersten Stock ein Büro gemietet. Wozu, ist unklar. Die Räume dort sind ziemlich billig, und es war fast nichts drin. Wir werden sehen, ob wir Überwachungsmaterial von ihnen in den Cafés kriegen. Mit ein bisschen Glück erfahren wir auf diese Weise, warum jemand hinter ihnen her war.«

Den Grund kannten wir natürlich schon, aber das wollte ihr Atticus nicht auf die Nase binden. Wir mussten unbedingt herausfinden, wer Keane und Medina und wer die Killer bezahlt hatte. Offenbar lief wieder mal alles darauf hinaus, dem Geld zu folgen. Das war enttäuschend, denn mit Banktransaktionen können Hunde nicht viel anfangen.

Ibarra fuhr fort: »Weil beide am gleichen Tag auf die gleiche Weise ermordet wurden und ein sehr ähnliches Finanzgebaren hatten, liegt eine Verbindung auf der Hand. Das heißt, ich muss nicht auf diesen anonymen Tipp zurückgreifen. Trotzdem würde ich gern was von Ihnen hören, falls Sie – oder Ihr anonymer Privatschnüffler – mehr erfahren.«

»Ich melde mich, wenn ich was rausfinde, Detective. Hat sich eigentlich bei den Überwachungskameras am Bahnhof was ergeben?«

»Wir haben das Material geholt, bis jetzt liegt noch kein Bericht vor.«

»Rufen Sie mich an, wenn es so weit ist?«

Detective Ibarra versprach es, und nachdem sie das Gespräch beendet hatten, konnten wir uns endlich der Stelle zuwenden, wo Crash Ebby über Klischees belehrt. Kurz darauf klingelte erneut das Telefon.

Es war Suluk Black. »Eigentlich wollte ich mir mit dem Besuch bei dir noch Zeit lassen und dir auf jeden Fall rechtzeitig Bescheid geben. Aber jetzt frage ich mich, ob du mich hier irgendwo in der Gegend abholen kannst. Ich glaube nämlich, ich werde verfolgt.«

»Natürlich, ist doch klar. Schaffst du es zum Island Park in der Nähe von Springfield? Wir treffen dich dort so bald wie möglich. In vierzig Minuten vielleicht. Wir kommen mit einem alten Chevy-Pick-up.«

Orlaith und Starbuck wollten zu Hause bleiben und *Annies Männer* zu Ende gucken, während ich Atticus begleitete. Mit uns allen vorn im Fahrerhaus wäre es sowieso ziemlich eng geworden.

Und sosehr ich Orlaith und Starbuck auch schätze, ich muss zugeben, dass es nett war, zur Abwechslung das Fenster mal ganz allein für mich zu haben. Die Luft strömte mir frisch und kühl um die Nase und roch nach Abenteuer. Vielleicht verklärte ich die Situation ein bisschen, doch ich konnte einfach nicht anders. Wenn Atticus so mit den Kiefern mahlte und das Steuer umklammerte, wusste ich, dass gleich etwas Spannendes passieren musste. Er fuhr so schnell, dass die Reifen kaum die Straße berührten.

›Warum bist du denn so gestresst?‹, fragte ich, als wir vielleicht die halbe Strecke hinter uns hatten.

Schuldfrettchen.

Ich wusste genau, was er meinte. Das sind wirklich Mistkerle. Schwer abzuschütteln, wenn man sie erst mal am Hals hat. ›Warum?‹

Wegen Kodiaks Tod. Ich möchte nicht auch noch Suluk auf dem Gewissen haben.

›Diese Typen … die sind doch nicht wegen dir hinter Suluk her.‹

Nein. Vom Kopf her weiß ich das. Aber den Schuldfrettchen ist das egal. Die stürzen sich auf unsere Gefühle und beißen zu. Wenn wir jetzt nicht rechtzeitig bei ihr sind, denke ich mir bestimmt, ich hätte ein schnelleres Auto kaufen sollen. Oder gleich nach Eugene wechseln und sie beschützen, statt sie bloß abzuholen. Einfach irgendwas, das im Moment gar nicht möglich ist. So läuft das eben bei Schuldfrettchen.

›Wir kommen nicht zu spät, Atticus. Da hab ich ein gutes

Gefühl.‹ Dummerweise schwand dieser Optimismus allmählich und wurde von Sorgen verdrängt. Ein alter Pick-up ist nun mal nicht so schnell wie ein Camaro oder eine Corvette. Keine Ahnung, welche Tiere mit Sorge assoziiert werden. Jedenfalls knabberten sie ziemlich heftig an mir. Fledermäuse vielleicht! Die haben irgendwie so einen unruhigen Flugstil, und ich mache mir immer Sorgen, wenn sie um mich rumschwirren. Ja, das traf die Sache. Sorgenfledermäuse nagten an meiner Zuversicht.

Der Island Park lag hinter einer Biegung des Willamette River mit einer Insel, die die Form eines Dackels hatte. Wenn man den Fußwegen hinunter zum Ufer folgte, konnte man die Insel sehen. Vom Parkplatz aus war der Fluss hinter einer Baumgruppe verborgen. Im Norden lag so ein moderner Spielplatz mit haufenweise Plastik, auf dem die Kinder herumhampeln konnten, und das gesamte Gelände war mit Gummiasphalt überzogen, damit es beim Hinfallen nicht so wehtat. Wegen der Bäume um uns herum konnten wir kaum etwas anderes erkennen als die Parkfläche und den Spielplatz. Keine Spur von Suluk. Bei laufendem Motor stiegen wir aus und ließen die Türen offen. Atticus rief Suluks Namen. Statt einer Antwort erreichte uns nur ein leises Surren aus der Richtung eines Fußwegs.

›Was ist das? Ein Kampfhubschrauber?‹

Nein, dafür ist es zu leise. Ich glaube … ja, das ist eine Drohne. Und dort ist Suluk!

›Drei Sorten Katzenkacke, Atticus! Die machen mit einer Drohne Jagd auf sie? Sind diese Dinger nicht mit Raketen ausgerüstet?‹

Suluk näherte sich aus dem Norden, nicht direkt auf dem Fußweg, sondern parallel dazu. Sie rannte viel schneller, als ich es ihr zugetraut hätte. Wie eine Profisportlerin und nicht wie eine Person, die Atticus schon seit Ewigkeiten kannte.

Dieses Modell nicht. Das ist eine Spionagedrohne, und weil sie zum größten Teil aus Plastik gemacht ist und ich die anderen Bestandteile von hier aus nicht sehe, kann ich daran nichts zusammenbinden oder auflösen. Moderne Technik ist manchmal eine echte Plage.

›Und was passiert jetzt?‹

Strategischer Rückzug. Rein in den Wagen. Und bleib in der Mitte, damit sich Suluk reinzwängen kann. Schon sprintete er los.

Ich sprang auf der Beifahrerseite hinein und machte mich drinnen dünn, ganz auf die Vorstellung konzentriert, ein vorbildlicher Kompakthund zu sein wie ein Yorkshire Terrier oder ein Zwergspitz, jedenfalls eine kraftstoffsparende Rasse, die am Tag mit zwei Wienerwürstchen auskam.

Atticus schlüpfte hinters Steuer und warf die Tür zu. Als ich ihn neben mir hatte und die rasch heranspurtende Suluk ins Visier nahm, beschlichen mich Zweifel an der Wirksamkeit meiner Vorstellung – außer ich ließ mich auf die Größe eines Wienerwürstchens zusammenstauchen.

Ein Chor aus angestrengten Ächzlauten brandete auf, als Suluk ins Fahrerhaus gerauscht kam und uns nach links quetschte wie Rebellen in einer imperialen Abfallpresse.

»Los!«, brüllte sie, noch bevor sie richtig saß, und Atticus raste in Richtung Straße davon. Mit einem lauten »Uff!« zerrte Suluk die Tür zu und schnaufte zweimal kurz. Dann deutete sie durch die Windschutzscheibe auf ein glänzend schwarzes Auto, das mit quietschenden Reifen auf den Parkplatz schoss. »Das sind sie! Auf der anderen Parkseite hab ich sie abgeschüttelt, aber sie haben mich mit dieser Drohne weiter überwacht!«

Durch die getönten Scheiben des schwarzen Autos war

nichts zu erkennen. Umgekehrt konnten die Insassen Suluk in unserem Pick-up sehr gut sehen – oder sie wussten schon, dass sie dort war. Schlingernd zogen sie eine Kehre und nahmen die Verfolgung auf.

Mich beschlich eine Ahnung, dass wir unseren Vorsprung nicht lange halten konnten. ›Der Wagen dort hat bestimmt einen Haufen Pferde unter der Haube.‹

Das ist ein Dodge Charger mit V8-Motor. Tempomäßig haben wir gegen den nicht den Hauch einer Chance.

»Wie viele sitzen da drin?«, fragte Atticus Suluk.

»Zwei. Sie sind mit diesen kleinen Armbrüsten bewaffnet.«

»Keine Schusswaffen?«

»Zumindest hab ich keine bemerkt.«

Inzwischen befanden wir uns wieder auf der Main Street, die später zum McKenzie Highway führte. Fürs Erste waren wir noch in der Stadt und kamen an Läden und Vierteln vorbei, die aus unerfindlichen Gründen nach Waffeln rochen.

»Steuern sie die Drohne vom Wagen aus, oder kriegen sie die Informationen von einem Dritten?« Atticus hielt den Blick auf der Straße.

»Keine Ahnung«, antwortete Suluk.

»Wie sollen wir weiter vorgehen?« Atticus schlängelte sich hupend durch den Verkehr.

»Die Armbrüste zeigen, dass das die Killer vom Bahnhof sind, die mich umlegen wollen, weil ich sie bei ihrer schmutzigen Tat beobachtet habe. Zur Polizei will ich nicht, außerdem werden sie mich kaum in Ruhe lassen, bloß weil die Polizei sie dazu auffordert.«

»Abhauen wäre eine Option.«

Sie schnaubte. »In dieser alten Karre?«

»Nein, ich meine zu Fuß. Gleich im Anschluss an die Stadt

kommt auf der rechten Seite ein großes Waldgebiet. Wir halten an, laufen rein und verschwinden einfach.«

»Wie wär's mit einem Kompromiss?« Suluk spähte über die Schulter nach dem Charger. Sie zog die Augen zu Schlitzen zusammen, wie es Menschen manchmal machen, wenn sie einem anderen gleich Schmerzen zufügen. »Wir laufen in den Wald und lassen *sie* verschwinden.«

Ich wandte mich Atticus zu und bemerkte, dass seine Augenbrauen zum Himmel hüpften. »Bist du sicher, dass das ein guter Plan ist?«

»Ja, ganz sicher. Diese Typen haben schließlich nicht aus irgendeinem vernünftigen Grund ein Hühnchen mit mir zu rupfen. Nein, die haben schlicht keine Hemmungen, Unbekannte umzubringen, Hauptsache, die Kohle stimmt. Für solche Kerle ist es das Beste, wenn man sie zu Dünger macht.«

»Also schön.« Atticus bat mich, den Kopf einzuziehen, damit er in den Spiegel schauen konnte. »Allerdings haben sie sich jetzt ein wenig zurückfallen lassen. Vielleicht müssen wir das doch nicht durchziehen.«

»Sie haben sich zurückfallen lassen, weil sie eine Drohne haben und uns gar nicht aus den Augen verlieren *können*. Sobald wir aus der Stadt raus sind und der Verkehr weniger wird, werden sie den Abstand verkürzen.«

Atticus nickte nur, den Mund zu einem grimmigen Strich zusammengekniffen.

»Kannst du die Drohne unschädlich machen?«, fragte Suluk.

»Ja, aber erst, wenn wir draußen im Wald sind.«

»Gut.«

›Was ist mit mir?‹

Atticus antwortete mir einfach laut, weil er sicher sein konnte, dass ihn Suluk deswegen nicht für verrückt halten würde. »Oberon, du musst geradeaus in den Wald laufen und die ganze Zeit bellen. Sie werden dem Lärm folgen und nicht mit einem Hinterhalt rechnen. Wenn ich anhalte, steigen wir alle auf der Beifahrerseite aus, damit der Pick-up zwischen uns und ihnen ist. Dann springst du sofort über den Zaun und suchst Deckung.«

Danach preschte Atticus auf ziemlich verbotene Weise durch den Verkehr, und es kam zu mehreren Beinahzusammenstößen, die zum Glück keine Polizei auf den Plan riefen. Anscheinend waren die Gesetzeshüter der Gegend gerade anderweitig beschäftigt. Niemand sprach ein Wort, bis wir die letzte Ampel passiert hatten.

Dann brach Atticus das Schweigen. »Wie haben die dich überhaupt gefunden?«

»Keine Ahnung. Diese Fragen sollten wir uns für später aufheben.« Suluk drehte sich um und spähte durchs Heckfenster. »Da kommen sie.«

Diese Spiegelsache beherrsche ich nicht besonders gut, trotzdem glaubte ich den sich nähernden schwarzen Charger zu erkennen.

»Umso besser. Hier ist eine passende Stelle zum Aussteigen.« Atticus deutete auf ein dichtes Waldstück auf der rechten Seite. Was es für Bäume waren, kann ich beim besten Willen nicht sagen, jedenfalls hatten sie Blätter statt Nadeln – nur so kleine grüne Knospen, weil es erst Frühlingsanfang war und die Bäume noch vom Winterschlaf gähnten. Atticus bretterte auf das Bankett, und es wurde ziemlich holprig. Er warnte mich vor der bevorstehenden Vollbremsung.

Sobald wir schlitternd zum Stillstand kamen, stieß Suluk die Tür auf und rannte auf den Stacheldrahtzaun zu. Wieder überraschte sie mich, weil sie für ihre Größe nicht nur schnell war, sondern schneller als so ziemlich *jeder* Mensch – so ähnlich wie Atticus, wenn er sich Kraft aus der Erde holte.

Als der Charger hinter unserem Pick-up hielt und zwei Männer herauskletterten, waren wir schon über dem Zaun und hatten Zeit, uns nach ihnen umzuschauen. Beides hellhäutige Kerle mit Sonnenbrillen.

»Wo ist die Drohne?«, fragte Suluk.

»Die taucht bestimmt bald auf«, antwortete Atticus. »Wahrscheinlich ist sie vorhin bei unserem Tempo nicht ganz mitgekommen. Aber die schicken sie uns garantiert gleich nach.«

›Hey, Atticus. Ich glaube, das sind keine Plastikarmbrüste.‹

Einer von den Kerlen hatte ein kleines Kästchen in den Händen, wahrscheinlich die Fernbedienung und Anzeige der Drohne. Der andere beugte sich noch mal kurz in den Wagen und hatte plötzlich in jeder Hand eine Knarre.

»Scheiße. Ab in den Wald! Und vergiss nicht zu bellen, Kumpel!«

Wir sausten los, gefolgt von mehreren Schüssen, die in Baumstämme platschten. Ich bellte, während Atticus und Suluk anfingen, an ihren Klamotten herumzuzerren. Nun begriff ich, was sie vorhatten. Tja, die beiden Typen konnten sich auf was gefasst machen. Wenn die Drohne hier auftauchte, war die Verwandlung wahrscheinlich schon abgeschlossen – und das hieß, dass ich bald Gesellschaft von einem großen Bären bekommen würde.

Atticus musste nur Jacke und Hemd abstreifen, dann war er bereit. Er löste den Anhänger an seinem Halsband aus, der ihn mit der Gestalt eines Virginia-Uhus verband, und flog einfach aus der Hose und den Sandalen auf. Kräftig flatternd schoss er direkt hinauf in die Äste eines Baums, wo er nach unseren Verfolgern Ausschau halten konnte.

›Bleib in Bewegung, Oberon, und bell weiter‹, forderte er mich mit der leicht veränderten Stimme auf.

Große Bären fliegen nicht aus der Hose auf, daher riss Suluk sich all ihre Sachen im Laufen herunter und ließ sie einfach auf dem Waldboden zurück. Ich bellte und schaute mich immer wieder um, weil ich nicht zu schnell rennen durfte. Schließlich wollten wir nicht, dass sie aufgaben. Als ich irgendwann hinter mir niemanden mehr erkennen konnte, blieb ich sogar stehen und drehte mich um. Geschützt hinter einem Baumstamm spähte ich unter ständigem Wuffen vorsichtig zurück. Suluk, die immer noch mit ihrer Hose kämpfte, passierte mich, und einige Sekunden oder Monate später hörte ich ein mehrfaches Knacken, gefolgt von einem tiefen Knurren und einem Aroma, das nicht mehr menschlich war. Instinktiv legte ich die Ohren an und zog den Schwanz ein, als ich mich umwandte: Suluk hatte sich in einen braunen Kodiakbären verwandelt. Nicht in einen Grizzly, sondern schlicht in den größten aller großen Bären, so wie der irische Wolfshund der größte aller Hunde war. Ihr Kopf ruckte kurz in meine Richtung, dann trabte sie in einem Bogen wieder auf die Straße zu. Ich blieb an meinem Platz und bellte weiter.

In diesem Moment drang die Drohne unter den Baumkronen in den Wald ein, und in einigem Abstand arbeiteten sich die Männer vor, der eine mit der Fernbedienung, der andere mit den Pistolen. Der Mann mit der Steuerung ließ die Drohne direkt in meine Richtung segeln, und ich bellte sie an wie ein ganz normaler Hund, bis von oben plötzlich eine Eule herunterstieß und sie einfach mit den Krallen zerfetzte. Der Fernbediener fluchte und kurz darauf auch sein Kumpan. Ich prustete ein bisschen vor mich hin, als sie mit offenem

Mund beobachteten, wie Atticus hinauf zu den Baumwipfeln flog. Dann fiel mir ein, dass ich bellen sollte, also fing ich wieder an.

Damit machte ich mich zur Zielscheibe, denn inzwischen waren sie richtig wütend.

»Halt endlich dein verdammtes Maul, du blöder Köter!«, rief der mit den Pistolen und gab zwei Schüsse in meine Richtung ab. Sie waren nicht besonders gut gezielt, doch mindestens eine Kugel krachte in den Baum links hinter mir. Da ich den Auftrag hatte, sie aufzustacheln und abzulenken, lugte ich um die andere Seite des Stamms und ließ ein wildes Wuffen hören.

Der Typ mit den Pistolen hätte wohl besser nicht auf mich gefeuert, denn manchmal bricht bei Atticus der Beschützerinstinkt durch, wenn es um mich geht. So auch jetzt. Während sie fluchend und ballernd vordrangen, hatte er in ihrem Rücken einen Bogen durch die Bäume geschlagen und stürzte nun lautlos mit ausgestreckten Krallen auf den Bewaffneten herab. Mitten in der Luft verwandelte er sich zurück in einen Menschen, sodass seine Füße den Mann direkt zwischen den Schulterblättern trafen. Mit einem Quieken ging er zu Boden, und eine der Pistolen flog ihm aus der Hand. Atticus fackelte nicht lange. Bevor der Typ sich besinnen und sein Kumpan das Geschehen verarbeiten konnte, packte Atticus ihn am Kopf und brach ihm mit einem heftigen Ruck das Genick.

Nackt, wie er war, und mit wackelnden Weichteilen richtete er sich vor dem anderen auf und winkte ihm freundlich zu. »Hi.«

»Wer sind Sie, verdammt?«, knurrte der Drohnenlenker. Er warf die Fernbedienung weg und ballte die Fäuste.

»Ihr hättet nicht auf meinen Hund schießen sollen. Und

auch nicht auf Ignacio Medina und Hudson Keane. Habt *ihr* Hudson Keane in Portland umgelegt?«

»Was? Nein. Wir hatten bloß den Auftrag in Eugene … Scheiße. Du kannst mich mal, Mann.«

Atticus grinste ihn noch breiter an. »Dein Kumpel hat es besser erwischt als du. Hat gar nicht mitgekriegt, was ihn da trifft, und kaum was gespürt. Dich hingegen wird gleich der Bär da hinter dir zerreißen.«

»Von mir aus, Mann, auf so was fall ich nicht …«

In diesem Augenblick stürmte Suluk Black brüllend los, und diese urtümlichen Kodiaklaute hätte nicht einmal der begnadetste Bauchredner zustande gebracht. Der Drohnenlenker fuhr herum und stieß einen schrillen Schrei aus, als er blitzartig begriff, dass diese Klauen sein Ende bedeuteten.

Vor zwei Wochen hatten wir Jack den Pudel und mehrere andere Hunde aus den Fängen eines gemeinen Menschen in Arkansas befreit. Dabei war dieser von einem viel kleineren Bären ziemlich übel zugerichtet worden, denn Atticus konnte das aufgebrachte Tier erst nach einiger Zeit beruhigen. Suluk war noch viel wütender, und Atticus hätte sie nicht mal dann beruhigen können, wenn er es gewollt hätte.

Ich habe höchsten Respekt vor großen Bären, und Suluk bewies, warum ich damit richtig lag. Bei jedem Hieb gegen den Drohnenlenker spritzten Teile von ihm davon – und ich spreche hier nicht nur von Blut. Ich meine dickere Brocken wie Gliedmaßen oder schmorbratengroße Fleischfetzen und bald darauf auch innere Organe. Nur Kopf und Hals ließ sie aus, damit ihm nichts davon entging. Sie hörte erst auf, als seine Schreie verstummten. Dann setzte sie sich seelenruhig, wenngleich schwer schnaufend auf die Hinterbeine.

»Alles in Ordnung, Oberon, du kannst jetzt herkommen«, rief Atticus.

Ich löste mich aus dem Schutz des Baums und trabte ungefähr die halbe Strecke zu ihm, dann stoppte ich vorsichtshalber. ›Das ist ein guter Platz zum Entspannen und Warten.‹ Noch wollte ich nicht zu nahe an Suluk heran. ›Ihr müsst euch doch noch anziehen und so, oder?‹

»Und so, stimmt.« Atticus blickte über die Schulter zur Straße, wo gerade ein Sattelschlepper vorbeidonnerte. Da nicht viel zu erkennen war, konnten wir davon ausgehen, dass der Lastwagenfahrer von dem Gemetzel im Wald nichts mitbekommen hatte.

Atticus drehte den toten Typen mit den Pistolen auf den Rücken und suchte nach seinem Autoschlüssel. Nachdem er ihn an sich genommen hatte, schloss er mit einem tiefen Atemzug die Augen. Wenig später bewegte sich der Boden unter den Killern. Suluk erhob sich mit einem überraschten Knurren und wich zurück. Mein Druide hatte den Elementargeist von Willamette aufgefordert, die Leichen und blutigen Fetzen von der Erde verschlingen zu lassen, damit keine Spuren zurückblieben. Ich beobachtete, wie auch die Drohne und die Pistolen versanken.

Währenddessen stapfte Suluk zwischen die Bäume, bis sie außer Sichtweite war, und ich hörte wieder dieses Knacken. Vielleicht schämte sie sich für ihren Verwandlungsvorgang. Das wunderte mich, weil sie problemlos nackt vor Atticus herumgelaufen war. Schließlich kehrte sie zurück und schaute nach, wie weit er schon war. Nur ihre Hände waren noch ein wenig blutig. Kurz darauf bewegte sich der Boden nicht mehr, und Atticus schlug die Augen auf.

Sie nickte ihm zu. »Danke.« Mit leisem Staunen fing sie den

Schlüssel auf, den er ihr zuwarf. »Hmm. Neues Auto. Danke noch mal.«

»Jetzt ist es später«, sagte Atticus. »Deswegen möchte ich auf meine Frage von vorhin zurückkommen. Wie haben dich diese Typen gefunden? Und wer sind sie?«

Suluk zuckte die Achseln. »Keine Ahnung.«

»Der Mörder im Treppenhaus konnte dich doch gar nicht richtig sehen.«

»Gesehen hat er mich schon, aber nicht lang, und ein Bild hat er bestimmt nicht gemacht.«

»Ach, ein Bild! Das muss es sein. Trotzdem, irgendwie passt da was nicht.«

»Da kann ich nicht ganz folgen.«

»Ich bin noch am Rumknobeln und denke laut. Du sagst, die Typen hatten Plastikarmbrüste. Dann müssten wir sie im Auto finden.«

»Ja.«

»Sie hatten also was mit dem Mord in Portland zu tun. Und wenn sie hinter dir her waren, dann bloß aus dem Grund, dass du die Tat beobachtet hast, richtig?«

»Richtig.«

»Mit ihren Waffen und dieser Drohne waren sie technisch bestens ausgerüstet. Kein Wunder, dass sie dich mühelos verfolgen konnten, nachdem sie dich aufgespürt hatten. Aber wenn du bloß eine anonyme Passantin warst, wie haben sie dich dann gefunden? Die Antwort lautet: Überwachungskameras.«

»Am Bahnhof, meinst du?«

»Jedenfalls am Anfang. Heutzutage steht man in einer Stadt fast auf Schritt und Tritt unter Beobachtung. Wenn man sich in einem größeren Ort bewegt, wird man locker vierzig, fünfzig Mal am Tag aufgenommen. Die brauchen bloß ein Standbild von dir am Bahnhof durch die Gesichtserkennung laufen lassen, bis sie einen Treffer haben. So haben sie dich in Eugene entdeckt.«

»Scheiße. Das klingt nach ernsthafter Observierung. Mit umfangreichen Mitteln.«

»Allerdings. Aber erst brauchten sie Zugang zu dem Bildmaterial vom Bahnhof. Und wer hat den?«

Suluk fluchte erneut. »Die Bullen!«

»Genau. Die Kerle haben einen Komplizen bei der Polizei in Portland.«

»Dem würde ich gern einen Wal in sein Käseloch stopfen.«

Von diesem Loch hatte ich noch nie was gehört. Ich musste wohl mal Atticus fragen, wie die Menschen es schafften, so was zu verbergen, wenn darin ganze Wale Platz hatten.

»Am besten, du haust jetzt ab. Nimm das Auto und fahr. Verschwinde einfach für ein paar Monate in die Wälder. Wenn du dich von allen Kameras fernhältst und kein wiedererkennbares menschliches Gesicht hast, dann bist du aus dem Schneider.«

Suluk nickte. »In Ordnung. Ich ziehe mich in die Strawberry Mountain Wilderness im Malheur National Forest zurück, wahrscheinlich irgendwo in der Nähe vom Strawberry Lake.«

»Gut.«

»Aber vorher schlüpfe ich noch in meine Kleider.«

6

Taco-Regeln

Nachdem Suluk in dem Charger nach Osten davongebraust war, rief Atticus Detective Ibarra an und fragte, ob er sie zu einem Taco-Mittagessen einladen durfte. Sie nannte ihm eine Adresse, und er verabredete sich für eine Stunde später mit ihr. Wir fuhren zurück zum Haus und bereiteten einen Imbiss für Orlaith und Starbuck zu. Dann wechselten wir in den Japanischen Garten im Washington Park, wo Atticus einen Baum verknüpft hatte. Von dort trabten wir zur Northwest Northrup Street im Viertel Pearl, wo es laut Detective Ibarra den Laden mit den besten Tacos der Stadt gab.

Das Lokal hieß Frogtown Tacos, und sie machten die Tortillas frisch vor den Augen der Kunden auf einem heißen Grill. Atticus kaufte einen Riesenhaufen Tacos mit Carne asada und bat darum, dass sie bei meinen vier die Zwiebeln wegließen. Wir brachten sie raus zu dem winzigen Auto der Ermittlerin, und die Menschen setzten sich zum Mampfen auf die Motorhaube, während ich meine Tacos gierig hinunterschlang, kaum dass Atticus sie für mich ausgepackt hatte. Sie waren wirklich unglaublich köstlich, und ich wollte ihr zeigen, wie sehr ich das zu schätzen wusste.

›Atticus, du musst Detective Ibarra unbedingt ein Kompliment zu ihrem fantastischen Geschmack machen. Ich finde sie in Ordnung, und wahrscheinlich kannst du sie jetzt duzen.‹

Ah, nein, Kumpel. Ich glaube nicht, dass ihr das gefallen würde. So weit sind wir mit unserer Beziehung noch nicht.

Das verwirrte mich. ›Menschen können unglaubliche Tacos miteinander teilen und sich mit dem heraustropfenden Zeug die Kleider vollkleckern und trotzdem weiter ein förmliches Verhältnis pflegen? Ich dachte, wenn man miteinander Tacos isst, dann heißt das automatisch, dass man gut befreundet ist.‹

Wäre toll, wenn die Welt so funktionieren würde. Leider tut sie das nicht.

›Dann sag ihr wenigstens, dass sie eine Feinschmeckerin ist!‹

»Sie haben recht, Detective.« Atticus kaute eifrig. »Das sind die besten Tacos von ganz Portland.«

»Nicht wahr?« Auch ihr Mund war voll. Sie schmatzte zweimal und wedelte mit der Hand zur Kreuzung. »Ich meine, die Sitzgelegenheiten kann man vergessen, aber die Qualität ist einfach unschlagbar.«

»Ich hätte da auch was Unschlagbares für Sie. Einen Tipp.«

»Ach? Und das wäre?«

»Jemand, der an diesem Fall arbeitet, kassiert Geld von denselben Leuten, die die Morde an Keane und Medina bestellt haben. Sie haben einen korrupten Kollegen in Ihrer Abteilung.«

Detective Ibarra hörte auf zu kauen und funkelte Atticus ein paar Jahrzehnte lang schweigend an. Er schien unbeeindruckt und machte mich regelrecht stolz, weil er sich einen halben Taco in den Mund stopfte und damit bekundete, dass er trotz ihres finsteren Blicks nicht vorhatte, weiter ins Detail zu gehen. Als sie eine Augenbraue hochzog, um ihn zum Reden zu bewegen, zog er bloß seinerseits – mit vollen Backen wie ein Streifenhörnchen – eine Braue hoch.

Sie schüttelte den Kopf, schluckte den Rest hinunter und wischte sich mit einer Serviette die Lippen ab. »Haben Sie Beweise für diese Anschuldigung?«

Atticus brauchte noch ein wenig, bis sein Mund gesprächsbereit war. »Mehr hab ich dazu nicht zu sagen. Tut mir leid.«

»Irgendeinen Hinweis müssen Sie mir schon geben. Ich kann nicht einfach grundlos meinen Kollegen auf den Zahn fühlen.«

»Wissen Sie, worum es bei diesen Morden geht?«

Sie zuckte die Achseln. »Um Geld, schätze ich.«

»Das schätze ich auch. Genauer gesagt, um das Geld der Energiebranche.«

»Woher wollen Sie das wissen? Sind Sie aus diesen Zahlenreihen, die ich Ihnen überlassen habe, etwa schlau geworden?«

»Nein«, log Atticus. »Das sind alles bloß Schlussfolgerungen. Ignacio Medina war Elektroingenieur und Hudson Keane Chemieingenieur. Nimmt man das zusammen mit ihrer geheimen Finanzierung, dann ergibt sich daraus, dass sie wahrscheinlich an einer bahnbrechenden Solartechnologie gearbeitet und sich damit viele Feinde gemacht haben. So eine Entwicklung wäre eine Bedrohung für autokratische Staaten, die vom Öl abhängen, und natürlich auch für multinationale Konzerne.«

»Klingt plausibel, klar. Trotzdem habe ich das Gefühl, dass Sie mir was verschweigen.«

»Ich verschweige Ihnen viel, und das wissen Sie seit dem Tag unserer ersten Begegnung. Ich gebe offen zu, dass ich gelegentlich auch in Angelegenheiten tätig werde, die nichts mit Hundetraining zu tun haben. Trotzdem können Sie sich immer darauf verlassen, dass ich Ihnen helfen will. Mir ist egal, ob Sie einem Kollegen dies oder jenes vorwerfen. Von mir aus können Sie es gern unter den Teppich kehren –Hauptsache, er redet. Er selbst steht nicht im Vordergrund. Entscheidend ist der finanzielle Zusammenhang: Wer Ihren Kollegen bezahlt, wird Sie auch zu den Drahtziehern der Morde an Hudson Keane und Ignacio Medina führen.«

»Nun, von mindestens einem der Killer haben wir vermutlich schon eine Aufnahme. Wollen Sie einen Blick darauf werfen?«

»Sicher.«

Sie tauchte kurz in ihr Auto und holte ein Tablet, dann setzte sie sich wieder zu Atticus auf die Motorhaube. Ich stellte mich so hin, dass ich es auch sehen konnte, und Atticus kraulte mir den Kopf, damit es nicht so auffiel.

Es war ein typischer Schwarzweißfilm aus einer Überwachungskamera mit flackernden Zahlen in der Ecke, die Atticus als Zeitcode bezeichnete und die für mich aus diesem Grund unverständlich bleiben mussten. Die Aufnahme zeigte den Bahnhof in Portland mit einem Haufen herumwuselnder Menschen, als der Zug abfuhr.

Detective Ibarra deutete auf zwei Gestalten. »Da. Das ist Ihr Doppelgänger Hudson Keane. Und dann hätten wir noch die Frau da drüben, können Sie sie sehen?« Sie ließ den Film zum Standbild erstarren. »Sie kennt ihn offenbar. Sie unterhalten sich und lächeln. Sie geht mit ihm in den Bahnhof und in dieses Treppenhaus, und ein paar Minuten später kommt sie mit der Kapuze über dem Kopf wieder raus. Vielleicht eine amerikanische Ureinwohnerin.«

»Vielleicht.« Atticus hielt sich bedeckt, obwohl er nicht raten musste. Sie gehörte dem Stamm der Alutiiq an, der auf dem Kodiak-Archipel beheimatet ist. Das wusste er ganz genau, denn das Kamerabild zeigte niemand anders als Suluk Black.

›Hey, wieso ist sie auf einmal so gut mit ihm befreundet? Ich dachte, sie ist Hudson bloß nachgelaufen, weil sie ihn mit dir verwechselt hat?‹

Scharf beobachtet, Oberon. Was sie uns erzählt hat, war eine glatte Lüge. Sie kannte ihn und wusste auch, dass ich nicht tot bin. Er wandte sich wieder an Detective Ibarra. »War sie die Einzige, die mit ihm das Treppenhaus betreten hat?«

»Nein. Da ist noch jemand rein- und wieder rausgegangen, den wir überhaupt nicht identifizieren können. Hier.« Sie ließ den Film erneut laufen und zeigte auf eine Gestalt mit Balaklava und Sonnenbrille, die hinter Suluk und Hudson das Treppenhaus betrat. Wenigstens stimmte Suluks Beschreibung des Mörders.

»Ziemlich zwielichtige Erscheinung, wenn Sie mich fragen.«

»Stimmt. Leider haben wir keine Möglichkeit, diese Person zu identifizieren, und auf dem Filmmaterial ist auch nichts von der Waffe zu erkennen. Wir müssen jetzt erst mal die Frau finden, mit der Keane geredet hat, denn sie hat den Mord entweder begangen oder beobachtet.«

»Wie lang haben Sie den Film schon?«

»Ich persönlich? Seit zwei Stunden vielleicht. Alles noch ganz frisch.«

»Aber die Abteilung hat die Bilder schon viel länger, oder?«

»Ja, warum?«

»Wie gesagt, jemand aus Ihrer Abteilung ist nicht sauber. Finden Sie raus, wer die Bilder vor Ihnen gesehen hat, und folgen Sie dann dem Geld.«

»Moment, Connor. Hatten Sie etwa schon mal mit dieser

Frau zu tun?« Sie nannte ihn auf einmal beim Vornamen. Da war es bis zum Duzen bestimmt nicht mehr weit. Offenbar wusste sie über die Taco-Regeln der Freundschaft besser Bescheid als Atticus.

Atticus zuckte die Schultern. »Vielleicht kenne ich einen Bekannten von ihr. Ich mache Ihnen einen Vorschlag, Detective. Ich versuche, sie aufzuspüren, und Sie forschen in Ihrer Abteilung nach. Vielleicht ist bei irgendjemandem in den letzten zwei Tagen ein größerer Betrag aufs Konto geflossen.« Er streckte ihr die Hand hin.

Sie überlegte kurz, bevor sie einschlug. »Ich frage mich, ob ich mich da nicht auf einen Deal mit dem Teufel einlasse.«

»Keine Sorge, Detective. Der Teufel würde sich nie für den Tierschutz einsetzen.«

»Hmm, da ist was dran. Wie heißt der Hund gleich wieder? Oberon?«

Ich spitzte die Ohren.

»Darf ich ihn mal streicheln?«

Ich wartete nicht auf Atticus' Erlaubnis, sondern tappte einfach schwanzwedelnd zu ihr nach vorn.

»Ha, ich glaube, das ist schon die Antwort, Detective.«

Sie kraulte mich ein wenig und gab mir zu verstehen, was für ein braver Hund ich war. Dann blickte sie zu Atticus auf. »Weißt du, Connor, wenn wir unter uns sind, kannst du mich ruhig Gabby nennen und mich duzen.«

›Aha! Siehst du, Atticus? Ich hatte recht! Nach einem gemeinsamen Taco-Essen landet man unweigerlich beim Du! Das ist eine feste Regel!‹

7

Ein Bär am Erdbeerberg

Atticus ist ein Perfektionist, auch wenn er nicht vollkommen ist. Deshalb lässt er sich nicht gern zum Narren halten, und wenn es doch passiert, dann brodelt es in ihm. Nachdem er sich von seiner neuen Duzfreundin Gabby verabschiedet hatte, brabbelte er immer wieder ungläubig vor sich hin. »Suluk hat mich angelogen, das ist doch nicht zu fassen.« So ging das in endlosen Variationen.

Wir trabten zu dem verknüpften Baum im Washington Park und legten dort eine Pause ein, in der er Suluk anrief.

Sie meldete sich sofort. »Gerade noch rechtzeitig. Bald verlasse ich den Funkbereich.«

»Wo bist du?«

»In Burns. Nicht mehr lang, dann stelle ich das Auto ab und geh in den National Forest rein.«

»Ich muss mit dir sprechen. Treffen wir uns in einer Stunde am See?«

»Klar.«

Danach wechselten wir nach Hause und schauten nach Starbuck und Orlaith. Granuaile war gerade von ihrem Job als Barkeeperin in Polen zurück – sie wechselt jeden Tag um die halbe Welt, weil sie einen polnischen Kopfraum aufbauen will. Allerdings war sie total müde, und wir kamen kaum zum Reden.

Orlaith wedelte glücklich mit dem Schwanz und schaute das schlaue Mädchen an. ›Legen wir uns zusammen hin? Ich hätte nichts gegen ein ausgedehntes Tandemnickerchen einzuwenden.‹

»Einverstanden«, antwortete Granuaile ohne Zögern. Unsere beiden Druiden wissen eben, dass Schlafen ein Teamsport ist.

Starbuck wollte lieber mit zum See kommen, daher wechselten wir zu dritt zu einer alten Küstenkiefer, die Atticus vor langer Zeit verknüpft hatte.

Die Eichhörnchen dort bewiesen uns den geziemenden Respekt und sausten sofort davon, ohne lang zu streiten oder Nüsse durch die Gegend zu schmeißen wie ihre Kollegen aus der Stadt. In einem Tal am Fuß des Strawberry Mountain, der seltsamerweise nicht die geringste Ähnlichkeit mit einer Erdbeere hatte, lag malerisch der See. Wir hatten ihn ganz für uns, da es noch ziemlich kalt war und nur die wenigsten Wanderer solchem Wetter trotzten.

Suluk hatte natürlich kein Problem damit. Nachdem Starbuck und ich die gesamte Umgebung des Sees erforscht hatten, dauerte es nicht mehr lang, bis sie auftauchte. Wie von Atticus vorhergesagt, kam sie aus der Richtung des Panoramawegs.

Sie winkte uns freundlich zu, doch ihr Lächeln verschwand, als sie Atticus' finstere Miene bemerkte. »Was ist?«

»Du hast mich angelogen. Du hast von Anfang an gewusst, wer Hudson Keane war.«

Ihre Schultern sackten nach unten, und sie verzog reumütig die Lippen. »Ja, stimmt. Entschuldige. Ich hatte Angst.«

»Ignacio Medina hast du auch gekannt.«

»Ja. Ich habe das Forschungsprojekt der beiden finanziert.«

»Von dir kamen die ganzen Bargeldzahlungen?«

Sie nickte mit verkniffenem Mund. »Ich war eigentlich nie so begeistert davon, was Dad gemacht hat –Vermögensverwaltung für Leute wie dich. Und wenn er als Bär herumgestreift ist, musste ich mich um alles kümmern, weißt du.«

»Ja, das weiß ich.«

»Deswegen konnten wir später auch nicht mehr zusammen herumstreifen. Als ich jung war – im siebzehnten Jahrhundert, bevor die russischen Pelzhändler gekommen sind und unsere Kultur zerstört haben –, waren wir jedes Jahr bei der Lachswanderung am Karluk River oder an anderen Flüssen und haben geschwelgt in frischem Fisch. Doch im Lauf der Jahrzehnte wurden es immer mehr Klienten, und irgendwann war es dann auf einmal ein Vollzeitjob. Das hieß, dass einer von uns beiden immer ein Mensch sein musste. Also habe ich ihm vor zwei Jahren dieses Projekt vorgeschlagen, damit wir keine Geldprobleme mehr haben und uns langfristig aus der Vermögensverwaltung zurückziehen können. Mit dieser Energieinnovation hätten wir für immer ausgesorgt gehabt und nicht mehr täglich arbeiten müssen. Dad war einverstanden, und wir haben uns mit Iggy und Hudson kurzgeschlossen. Nach seinem Tod habe ich einfach weitergemacht und die alten Klienten ziehen lassen. Das war meine große Chance. Dummerweise habe ich die Forschungsunterlagen nicht, und deswegen ist alles vorbei.«

»Wer weiß«, meinte Atticus, der nun schon weniger finster aussah. »Erzähl mir, warum Iggy nach Eugene gefahren ist. Ihr habt ihn doch beide zum Zug gebracht.«

»Ja. Er wollte nach einem Prototypen schauen, den wir installiert hatten. Degradation prüfen, Energieabgabe und -leistung messen, solche Sachen.«

»Hast du ihn nach Hudsons Ermordung nicht angerufen, um ihn zu warnen?«

Suluk schnaubte. »Natürlich! Ich hab ihn angerufen. Sobald ich den Bahnhof verlassen hatte.« Sie wischte sich eine Träne aus dem Augenwinkel und schniefte. »Aber es war umsonst. Sie haben wohl schon auf ihn gewartet. Er hätte zurückrufen sollen, sobald er in Sicherheit ist, aber er hat es nicht getan. Später hab ich es dann noch mal bei ihm probiert. Da kam bloß die Meldung, dass die Nummer nicht erreichbar ist. Wahrscheinlich haben sie sein Telefon zerstört.«

»Wer? Wer sind *sie?*«

»Entweder jemand, der verhindern will, dass die Technik auf den Markt kommt, oder jemand, der sie stehlen will. Such's dir aus. Wie bist du überhaupt draufgekommen? Hat die Polizei das Labor entdeckt?«

»Nicht dass ich wüsste. Sie haben mir Bilder von Überwachungskameras am Bahnhof gezeigt. Es gibt klare Aufnahmen von dir, wie du mit Hudson das Treppenhaus betrittst. Sie möchten mit dir reden.«

»Das will ich auf keinen Fall. Die schnüffeln bloß in meinen Geschäftsunterlagen rum und finden raus, dass sie vierhundert Jahre zurückreichen.«

»Eine beeindruckende Zeitspanne.«

»Womöglich frieren sie sogar mein Vermögen ein und wollen einen Gentest mit mir machen. Das kann ich nicht zulassen.«

»Warum nicht? Du hast doch keine Morde begangen, die sie dir nachweisen können.«

Suluk starrte Atticus bloß schweigend an. Aus ihrem Blick war unschwer zu erraten, dass die zwei Typen in dem Waldstück nicht die ersten waren, die sie ins Jenseits befördert hatte.

»Ah, verstehe, dann also lieber kein Gentest.« Mein Druide ging zum Ufer und hob einen kleineren, sehr platten Stein auf. Um ein bisschen mit seinem opponierbaren Daumen anzugeben, warf er ihn flach hinaus, sodass er sechsmal übers Wasser glitschte. Suluk trat neben ihn und brachte es mit ihrem Stein auf sieben Hüpfer.

»Apropos DNA, Hudson war mein Ururenkel.«

»Ehrlich? Kein Wunder, dass er so große Ähnlichkeit mit dir hatte. Hast du von ihm gewusst?«

»Nein, ich hatte keine Ahnung. Nähere Beziehungen zu meinen Nachkommen würden mich bloß in den Wahnsinn treiben.«

»Das versteh ich. Ich habe auch mehrere Abstammungslinien. Manchmal tut die Einsamkeit so weh, dass man sich einfach in die Liebe stürzt. Das ist, wie wenn man sich betrinkt. Am Anfang fühlt es sich super an, aber am anderen Ende wartet der Kater. Kinder, meine ich. Bloß dass sie nicht von zwei Aspirin weggehen. Bei den meisten könnte ich dir nicht mal sagen, was aus ihnen geworden ist. In Verbindung bin ich eigentlich bloß mit einem. Er ist ein Bär und gerade dabei, oben in British Columbia eine Familie zu gründen.«

»Freut mich.«

»Mich auch.« Suluk klaubte noch einen Stein auf und warf ihn Richtung See. Doch anscheinend hatte sie ihre Zenmagie verloren, weil er einfach versank, ohne ein einziges Mal zu hüpfen. »Was hast du vorhin gemeint, als du gesagt hast, wer weiß, vielleicht ist es doch nicht vorbei mit meinem Plan?«

»Hudson hatte seine Forschungsergebnisse auf einem USB-Stick gespeichert. Ich habe ihn in seiner Wohnung entdeckt und vor der Nase der Polizei rausgeschmuggelt. Inzwischen habe ich die Dateien auch entschlüsselt.«

Eigentlich hätte ich von Suluk an dieser Stelle ein Freudentänzchen oder vielleicht eine gereckte Faust erwartet. Stattdessen blieb sie einfach reglos stehen und wandte sich Atticus nicht einmal zu. Sie starrte nur hinaus auf den See, und das Schweigen zog sich in die Länge. Ich legte mich zwischen den beiden ins Gras, und Starbuck krabbelte auf meinen Rücken und machte es sich mit einem prustenden Seufzer bequem.

»Und was willst du jetzt von mir?«, fragte Suluk schließlich.

»Erstens würde mich interessieren, warum du davon keine Kopie hast. Zweitens will ich mit von der Partie sein.«

Suluk knurrte unbestimmt. »Wir hatten eine formlose Vereinbarung. Sie brauchten mein Geld, und ich brauchte ihren Verstand. Sie wollten ihre Arbeit geheim halten, weil die meisten Wissenschaftler heute von den Konzernen abgezockt werden, die sie einstellen. Meine Bedingung war, dass sie im Hinblick auf ihr Geld und ihr Labor strenge Sicherheitsvorkehrungen einhalten, damit niemand mitkriegt, was wir vorhaben. Das Projekt kam gut voran, und wir standen schon kurz vor der Patentanmeldung und der Unternehmensgründung. Das Büro am Bahnhof hätte der offizielle Sitz werden sollen. Wir wollten die Einnahmen durch vier teilen.«

»Vier?«

»Dad war der Vierte.«

»Ach so. Trotzdem, es ist immer noch möglich. Mach *mich* zum Vierten. Die Verwandten von Hudson und Iggy können die anderen Nutznießer sein. Oder auch nicht. Was dir lieber ist. Inzwischen kann ich schon mal dafür sorgen, dass dich die Polizei in Ruhe lässt.«

Suluks Kopf bewegte sich ganz leicht in seine Richtung. »Wie?«

»Ich filme deine Aussage, so ähnlich wie bei einer eidesstattlichen Erklärung. Und ich brauche einen Hinweis auf die Drahtzieher.«

»Ich weiß doch nicht, wer dahintersteckt! Und mir ist es ein Rätsel, wie die überhaupt von dem Projekt erfahren haben. Entweder Iggy oder Hudson hat Murks gemacht und was durchsickern lassen.«

»Wir müssen beweisen, dass jemand anders die Morde begangen hat, sonst kannst du dich nie wieder frei bewegen. Durch das Filmmaterial aus den Überwachungskameras wird der Verdacht gegen dich bestehen bleiben.«

»Das ist mir klar. Trotzdem, ich habe nicht die leiseste Ahnung, wer es auf mich abgesehen hat.«

Atticus seufzte. »Dann können wir nur hoffen, dass uns Detective Ibarra irgendwie weiterbringt.«

8

Mord auf Bestellung

Ich muss zugeben, dass Menschen ziemlich komisch sind, wenn man sie verlegen macht. Man muss bloß eine Kamera auf sie richten, und sie machen sich sofort Gedanken über ihr Aussehen. Sie fummeln an ihrem Haar herum und zupfen ihre Kleider zurecht, und ihre größte Sorge ist, dass ihnen vielleicht ein winziger Popel aus der Nase hängen könnte. Suluk Black war da keine Ausnahme, obwohl sie eine große Bärin war und jeden in der Luft zerreißen konnte, der sich über ihre Popel lustig machte. Als Atticus die Kamera aufbaute, verwandelte sie sich in ein Häufchen Elend, und er musste sie erst einmal daran erinnern, dass ein Alter von vierhundert Jahren Würde und Haltung in rauhen Mengen mit sich brachte – wobei ich nicht ganz verstand, warum die Mengen rauh sein sollten.

Atticus war kurz in die Stadt gewechselt und hatte eine Kamera mit Speicherkarte besorgt. Dann filmte er Suluk Black vor der Kulisse des Strawberry Lake. Sie nannte weder ihren richtigen noch einen ihrer aktuellen falschen Namen, sondern dachte sich einen neuen aus. Sie war das *Murmeltier*, eine geheime Geldgeberin für Forschungsprojekte, die die Wissenschaftler bar bezahlte und im Verborgenen blieb, um sich vor Industriespionage zu schützen. Sie gab zu, die Solarforschung von Hudson Keane und Ignacio Medina finanziert zu haben, und beschrieb die Ereignisse im Treppenhaus am Bahnhof. Direkten Kontakt zur Polizei lehnte sie ab. Am Ende verlieh sie ihrer Hoffnung Ausdruck, dass die Polizei die Mörder dieser beiden brillanten jungen Köpfe bald fassen konnte.

»Gut gemacht.« Atticus schaltete die Kamera aus. »Damit ist der Verdacht gegen dich nicht ausgeräumt, aber zumindest stehen jetzt auch andere Möglichkeiten zur Diskussion. Natürlich werden sie mit der Suche nach dem *Murmeltier* Zeit verplempern, und das finde ich zum Schießen.«

Suluk hatte in der Strawberry Mountain Wilderness irgendwo eine Höhle und hatte vor, in nächster Zeit erst einmal als Bär zu leben. Doch sie versprach, jeden Tag am See nachzusehen, ob Atticus da war und mit ihr reden wollte. Sie einigten sich auf eine Zusammenarbeit im Solargeschäft, sobald die Morde geklärt waren – oder zumindest der Mord an Hudson. Die Killer von Ignacio Medina hatten wir mit hoher Wahrscheinlichkeit in dem Waldstück bei Eugene begraben. In diesem Fall stand Suluk auch gar nicht unter Verdacht. Außer …

›Hey, Atticus. Nachdem wir hier aufgebrochen sind, würde ich gern kurz was mit dir besprechen. Zur Sicherheit, damit wir uns nicht in was verrennen.‹

Alles klar, Kumpel.

Wir verabschiedeten uns von Suluk und wechselten wieder zum Haus. »Also, was hast du auf dem Herzen?«, fragte er.

›Nur für alle Fälle. Was ist, wenn Suluk die Killer auf Hudson und Iggy angesetzt hat, damit sie die Solartechnik ganz für sich allein hat? Ein finanzielles Motiv hat sie, und vielleicht war sie bloß bei Hudsons Ermordung dabei, weil sie den Verdacht von sich ablenken wollte.‹

»Diese Morde waren nicht Suluks Stil. Wenn sie jemanden umbringt, ist die Leiche unauffindbar. Sie verschwindet einfach. Und ohne Leiche auch keine Morduntersuchung, und ohne Morduntersuchung kein Kontakt zur Polizei. Das ist ihr oberstes Ziel.«

›Ja, das leuchtet mir ein.‹

»Trotzdem, es ist gut, dass du gründlich bist.«

›Was kommt als Nächstes?‹

»Popcorn und Äpfel zu einem Film. Wir bringen die Aufnahme von Suluk morgen früh zu Detective Ibarra. Dann erfahren wir auch, ob sie vielleicht schon Fortschritte gemacht hat. Welchen Film schauen wir uns an?«

›Wie wär's mit *Hellboy*? Ich habe Orlaith von Sammael erzählt, seines Zeichens Höllenhund und Geist der Ödnis, und davon, dass der Film sich genauso über alle Gesetze der Physik hinwegsetzt wie dieses Eichhörnchen auf dem Zug. Deswegen will sie ihn unbedingt sehen.‹

Für Orlaith war es eine Genugtuung, dass Kreaturen der Hölle regelmäßig die Physik ignorierten, weil das unseren lang gehegten Verdacht bestätigte, dass Eichhörnchen aus der Hölle stammten. So ergab die Welt wieder Sinn.

Am Morgen war Granuaile schon wieder nach Polen gereist, und Orlaith wollte mit uns kommen. Also fuhren wir den weiten Weg nach Portland mit dem Auto – die Zugabfahrt hatten wir verschlafen. Bei unserer Ankunft war es schon fast Mittag, und Detective Ibarra verabredete sich mit uns in Beaverton, in einem vietnamesischen Restaurant namens Phở King Good, was Atticus ziemlich amüsant fand. Das Phở war tatsächlich ziemlich gut. Er kaufte Schüsseln mit Brustfleisch-Phở für uns Hunde und bat darum, die grünen Zwiebeln wegzulassen. Er und Detective Ibarra setzten sich zum Essen neben uns auf den Gehsteig und machten wieder mal diese Quiche-pro-Kopf-Sache.

Atticus gab ihr die Speicherkarte aus der Kamera und behauptete, sie von jemand anderem bekommen zu haben. »Mein Gewährsmann hat die Frau auf dem Überwachungsfilm gefunden und sie zur Aufzeichnung einer Aussage bewegt. Keine Ahnung, ob dir das weiterhilft.«

»Wenn nicht, musst du den Kontakt herstellen, damit ich persönlich mit ihr reden kann.«

»Dann hoffen wir mal, dass es weiterhilft, weil ich nicht glaube, dass man sie so leicht findet, wenn sie es nicht will. Das Murmeltier agiert nach Möglichkeit im Hintergrund. Es ist erstaunlich, dass sie sich am Bahnhof hat filmen lassen.«

»Das Murmeltier?«

»Eine schattenhafte Gestalt, so eine Art Keyser Söze, bloß dass es bei ihr nicht um Drogen geht, sondern um wissenschaftliche Forschung.«

»Du nimmst mich auf den Arm, oder?«

»Nein, es stimmt.«

»Verdammt, dabei dachte ich schon, langsam kommt Licht in die Angelegenheit. Du hattest nämlich recht damit, dass jemand die Hand aufhält. Gestern habe ich dir doch die Aufnahmen von diesem … Murmeltier im Bahnhof gezeigt. Er hat ein Bild von ihr rausgeschmuggelt, bevor ich das Video zu Gesicht bekommen hatte.«

›Deswegen hatte Suluk die Verfolger so schnell am Hals!‹, warf ich ein.

Ja. Trotzdem mussten sie sie erst identifizieren und aufspüren. Das heißt, da verfügt jemand über großen Einfluss.

»Und du hast ihn gefunden, weil auf einmal viel Geld auf seinem Konto war?«

»Ja. Er wollte besonders schlau sein und hat nur kleinere Einzahlungen gemacht. Aber bei einem Polizisten führt alles, was über zweihundert Dollar liegt, zu Fragen. Er hat mir was von einer Münzsammlung erzählt, die er angeblich verkauft hat, doch er konnte keinen Beleg vorweisen. Und weil er nicht mit den Morden in Verbindung gebracht werden will, hat er sich zur Zusammenarbeit entschlossen.«

»Willst du ihn vor Gericht bringen?«

»Das weiß ich noch nicht. Er ist sicherlich korrupt, aber wenn man einen Kollegen hinhängt, bleibt das nie ohne Folgen.«

»Wie genau hat er das Bild rausgeschleust?«

Detective Ibarra hielt die Speicherkarte hoch, die ihr Atticus gegeben hatte. »Mit so was. Er hat den Film angehalten, mit einer Digitalkamera ein Foto gemacht und die Karte dann zur Übergabe gebracht.«

»Eine direkte Übergabe?«

»Noch dazu gleich vorm Bahnhof. Ziemlich dreist.«

»Davon existiert also auch eine Aufnahme?«

»Ja. Leider können wir damit nichts beweisen. Das Material ist nutzlos.«

»Wie das?«

»Er hatte die Anweisung, zu einer bestimmten Zeit eine Pizza abzuholen. Der Lieferant rauscht auf einem Roller heran, von Kopf bis Fuß in Winterkluft, und auch das Kennzeichen ist ›zufällig‹ verdreckt. Der korrupte Cop hat die Speicherkarte in einen Zwanziger gefaltet, sodass kein illegaler Austausch zu erkennen ist. Und in dem Pizzakarton wartet ein dickes Bündel Geldscheine auf ihn.«

»Aber es war auch eine richtige Pizza drin?«

»Ja.«

»Dann gibt es in der Pizzeria Aufzeichnungen über diese Lieferung. Damit können wir den Fahrer festnageln, Gabby, und …« Atticus verstummte, weil Detective Ibarra den Kopf schüttelte.

»Hab ich schon probiert. Das Lokal heißt Pisa Pizza und hat für diese Woche keine Aufzeichnungen über eine Lieferung zum Bahnhof. Jemand hat die Pizza abgeholt, bar bezahlt und dann zugestellt. Wir schauen uns gerade die Überwachungsaufnahmen der Pizzeria an und versuchen, Bestellungen im fraglichen Zeitraum zuzuordnen. Aber das ist bloß eine Pflichtübung, die nichts bringen wird. Selbst wenn wir irgendwelche namenlose Kundengesichter den Bestellungen zuordnen können, ist das noch lange kein Beweis, dass es sich um den vermummten Lieferanten handelt. Und bevor du fragst, wir haben uns auch erkundigt, ob einer von ihren Fahrern einen Roller fährt. Nichts.«

»Verdammt.«

›Hey, warte mal, Atticus. Warte, da passt was nicht zusammen.‹

Was meinst du, Oberon?, fragte er von Bewusstsein zu Bewusstsein.

›Dieser Typ in Winterklamotten. Er war am Bahnhof, und er war auch in dem Apartmentkomplex, oder? Und dann hat er auf dem Roller die Pizza zugestellt.‹

Und?

›Du weißt doch noch, dass an dem Wohnkomplex eine Überwachungskamera ist, die auf den Parkplatz zeigt? Womit ist der Killer da gefahren? Mit einem Roller oder mit was anderem?‹

Wahnsinn, gut aufgepasst, Oberon. Ich frag sie mal. Er riss den Kopf herum, als wäre ihm gerade was eingefallen. »Gabby, hast du dir mal das Filmmaterial vom Parkplatz angesehen?«

»Du meinst von der Kamera vor Keanes Wohnung? Der

Täter hatte einen älteren Corolla mit gestohlenen Kennzeichen aus Kansas.«

»Also keinen Roller.«

»Nein, stimmt. Wir haben es also mit mehr Leuten zu tun?«

»Oder mit jemandem, der immer wieder das Fahrzeug wechselt, damit man ihn nicht so leicht aufspüren kann.«

»Gut, wir überprüfen die Kleider und die Haltung und so weiter, um zu sehen, ob es derselbe ist.«

›Atticus, wir sollten diese Pizzeria besuchen und unsere Nase benutzen.‹

Du hast doch gerade erst gegessen, Oberon.

›Mir geht es diesmal nicht ums Essen! Zugegeben vielleicht zum ersten Mal überhaupt. Also, hör zu: Wenn das auf den Aufnahmen immer derselbe Typ ist und er auch in der Pizzeria war, kann Starbuck vielleicht seine Fährte aufnehmen. Schließlich hat er sie auch im Treppenhaus und in dem Apartment entdeckt.‹

Einen Versuch ist es wert. Er wandte sich an Gabby. »Hast du die Adresse der Pizzeria?«

»Ja. Warum?«

Atticus deutete mit dem Daumen auf uns. »Weil die Wissenschaft der Olfaktorik uns vielleicht auch hier weiterhilft. Wenn der Lieferant derjenige ist, der Keanes Apartment durchwühlt hat, können die beiden vielleicht seine Spur finden. Und der Mann im Apartment war auf jeden Fall der Killer am Bahnhof.«

Detective Ibarra musterte uns. »Besonders stichhaltig ist das nicht. Ich kann ja schlecht beweisen, dass sie den Richtigen gerochen haben. Und wie soll ich erklären, dass wir die Pizzeria behelligen, ohne meinen korrupten Kollegen bloßzustellen?«

»Da wird uns bestimmt was einfallen. Schauen wir doch mal, was sie erschnuppern. Vielleicht gar nichts.«

»Oder alles.«

»Das erfahren wir erst, wenn wir es probieren.«

Die Menschen aßen ihr Phở auf und warfen die Verpackung in den Müll, bevor Gabby die Adresse nachschaute. Sie verabredete sich dort mit uns, dann fuhren wir in zwei Autos los. Es dauerte zwanzig Jahre, bis wir den Wagen auf dem Parkplatz einer Einkaufspassage abgestellt hatten, in der neben dem Pisa Pizza noch ein Nagelstudio, ein Waschsalon und ein Steuerberaterbüro untergebracht waren. Alles in allem roch es nach Ethylacetat, parfümiertem Waschmittel, Peperoni und existenzieller Verzweiflung. Atticus legte uns an die Leine und bat uns mental, Starbuck den Vortritt zu lassen und die albernen Sprüche zu ignorieren, die er vom Stapel lassen musste, damit uns Detective Ibarra für trainierte Suchhunde hielt.

Dann steuerten wir auf das Lokal zu, und ich hatte so meine Zweifel, ob Starbuck oder irgendein anderer Hund bei den starken Fleisch- und Käsearomen überhaupt den Geruch eines Menschen wahrnehmen konnte. Als der kleine Kerl ›Ja Essen!‹ rief, hielt ich den Ausflug schon für gescheitert.

Atticus wollte es genauer wissen. *Meinst du, ja, du riechst Essen, oder ja, du riechst den Mann, nach dem wir suchen?* Anscheinend war es beides. Auch wenn er sprachlich noch nicht so beschlagen war, konnte er sich mit Atticus über nonverbale Andeutungen und Gefühle verständigen. *Starbuck riecht die Fährte ganz deutlich. Nicht bloß auf dem Boden, sondern überall am Türrahmen.*

Atticus richtete sein Augenmerk auf Detective Ibarra. »Er war hier, kein Zweifel möglich.« Er spähte durch die Türscheibe nach drinnen, und ich folgte seinem Blick. Es gab eine

Theke mit einer Kasse und einer Speisekarte darüber, die köstliche, fetttriefende Pasteten zeigte. Links von der Theke führte ein Durchgang für Angestellte in den Küchenbereich. »Ich möchte da reingehen und was überprüfen. Tust du mir den Gefallen und sagst, dass das Diensthunde sind?«

»Ja, klar, aber …«

Atticus wartete nicht. Er zog die Tür auf und forderte Starbuck auf, der Fährte zu folgen. Kaum hatte er die Schwelle überschritten, stieß er auf Widerstand.

Die Geschäftsführerin wollte ihn nicht durchlassen. Soweit ich das erkennen konnte, war sie in mittleren Jahren und hatte ihr Haar zu einem Pferdeschwanz zusammengezurrt, der hinten aus ihrer Baseballmütze heraushing. Sie wirkte müde. »Sir? Hunde haben hier keinen Zutritt. Das verstößt gegen die Gesundheitsvorschriften.«

Ohne auf sie zu achten, zog Starbuck nach links, die stumpfe Schnauze witternd dicht über dem Boden. Statt sich der Kasse zuzuwenden wie ein Kunde, steuerte er allerdings direkt auf den Durchgang in der Theke zu. Je näher wir der Küche kamen, desto lauter wurde die Geschäftsführerin und stellte sich uns immer wieder in den Weg. Atticus schärfte uns ein, uns zurückzuhalten und auf keinen Fall ein Handgemenge anzufangen – mit diesem Wort kann man überall Punkte und in manchen Fällen sogar Leckerlis sammeln, auch wenn es in unserem Fall eher *Pfotengemenge* hätte heißen müssen.

Er wandte sich Detective Ibarra zu. »Er arbeitet hier. Wir warten draußen.«

Wir strebten zurück zur Tür, und Gabby ließ ihre Marke aufblitzen. »Mordkommission Portland. Wir haben Grund zu der Annahme, dass einer Ihrer Angestellten in einen Mordfall verwickelt ist.«

»Soll das ein Witz sein?«, ächzte die Geschäfsführerin. »Das hat mir gerade noch gefehlt.«

Detective Ibarras Antwort hörte ich nicht mehr, weil sich hinter uns die Tür geschlossen hatte. Atticus gratulierte uns zu unserer Leistung.

»Jetzt ist es bloß noch eine Frage der Zeit, bis wir das nächste Verbrechen geklärt haben. Und wem ist das alles zu verdanken? Den besten Hunden aller Zeiten. Hiermit sind die Verhandlungen über ein besonderes Festmahl eröffnet.«

›Chicken-fried Steak mit Bratensoße!‹, schlug Orlaith vor.

›Poutine mit geschnetzelter Rinderbrust!‹ Ich fand, dass es nicht schaden konnte, den Einsatz ein wenig in die Höhe zu treiben.

›Ja Essen!‹ Starbuck war noch nicht so wählerisch.

Nacheinander führte Detective Ibarra mehrere mürrische Teenager heraus, damit wir überprüfen konnten, ob einer von ihnen zum Geruch des Killers passte. Starbuck schnupperte an fettverschmierten Händen, ohne etwas zu finden. Nun blieb nur noch die Geschäftsführerin. In diesem Moment näherte sich ein Auto, an dessen Dach ein Schild mit der Aufschrift PISA PIZZA befestigt war. Atticus war auf Detective Ibarra und die Geschäftsführerin konzentriert, die zur Tür kamen, deshalb bemerkte er weder das Auto noch den Typen, der ausstieg.

Für einen Lieferanten war er ziemlich groß und durchtrainiert. Als Rausschmeißer oder Bodyguard, der seine Muskeln spielen ließ und kleinere Leute einschüchterte, hätte er bestimmt viel mehr verdienen können. Er war hellhäutig und hatte den typischen Haarschnitt weißer Rassisten: an den Seiten kurz, und oben eine dunkle, lappige Matte. Sogar sein Auto war weiß. Ich bellte praktisch reflexartig, denn seit dem

Zweiten Weltkrieg galt für Atticus die Regel: *Wenn du einen Nazi siehst, dann hau ihn um.*

Bei mir schrillten alle Alarmsirenen gleichzeitig. ›Hey, Atticus, lass Starbuck mal an diesen Kerl ran.‹

Mein Druide musste nicht mal fragen, wen ich meinte, denn Starbuck war schon herumgewirbelt. Seine kleine Knautschschnauze hob sich bebend in die Luft, als der Typ sich mit einem gemurmelten »Pardon!« vorbeidrängen wollte, weil wir ja immer noch vor dem Eingang standen. Atticus trat automatisch beiseite, und Detective Ibarra hielt von drinnen kommend die Tür auf. Genau in diesem Moment richtete sich Starbuck auf und bellte, als hätten ihm fünf Katzen seine Fischstäbchen gestohlen. ›Nein Eichhörnchen!‹

Zum Glück begriff Atticus sofort, was er damit meinte. »Das ist er«, zischte er der Polizistin zu, und danach ging alles ganz schnell.

»Detective Ibarra.« Sie zückte ihre Marke. »Mordkom-uff!«

Sie sprach nicht weiter, denn der Typ rammte ihr wie der Blitz die Faust auf die Nase und stieß Atticus mit einem frontalen Tritt in den Bauch zu Boden. Dann rannte er weg – allerdings nicht zu seinem Auto. Zu meiner Verblüffung orientierte er sich zur hinteren Ecke der Einkaufspassage, um die er offenbar verschwinden wollte. Vielleicht war da hinten eine kleine Gasse oder irgendeine Art von Versteck.

Reißt ihn zu Boden. Atticus ließ unsere Leinen los. *Aber ohne Blutvergießen.*

Für einen Menschen war der Typ ziemlich fix unterwegs, doch im Vergleich zu drei Hunden war er langsamer als eine mit Schlafmitteln vollgepumpte Schildkröte. Schon vor dem Nagelstudio holten wir ihn ein. Starbuck und ich schnappten nach seinen Fersen und brachten ihn ins Stolpern, sodass er vornüber auf den Gehsteig stürzte. Orlaith lief einfach über ihn drüber und stampfte ihm mit der Pfote so heftig auf den Hinterkopf, dass sein Kinn auf den Beton krachte. Sobald sie nicht mehr auf ihm war, keilte er nach mir und Starbuck aus und traf uns, wenn auch nicht besonders schmerzhaft. Doch er drängte uns damit zurück und verschaffte sich Platz, um sich wieder hochzurappeln. Davon wollte Atticus allerdings nichts wissen, denn im Stehen hätte er sicher viel gezieltere Tritte anbringen können. Auf einmal hörte ich altirisches Gemurmel und wusste, dass Atticus irgendeine Bindung schuf. Auch Detective Ibarra forderte den Typen brüllend auf, sich nicht zu bewegen.

Ihr könnt euch zurückziehen, ich habe ihn, meldete Atticus.

Ich sah, was er meinte. Der Kerl schaffte genau einen Schritt, und als er den nächsten machen wollte, wuchsen die Innennähte seiner Jeans zusammen. Vor Wut knurrend plumpste er auf den Bauch wie ein Fußballprofi. Dann warf sich auch schon Detective Ibarra auf ihn und drückte ihn mit einem Knie im Rücken zu Boden. Kurz darauf hatte sie ihm Handschellen angelegt.

Atticus löste unauffällig die Bindung an seiner Hose auf. *Gut gemacht, ihr drei. Wo wollte er denn eigentlich hin?*

Ich trabte zum Ende des Gebäudes und lugte um die Ecke. Da war eine Gasse für Lieferfahrzeuge und dahinter eine niedrige Mauer, über die er nur hätte springen müssen, um in den Nachbarblock zu gelangen. Sicher gab es dort viele Orte, wo er hätte untertauchen können.

›Wenn er die Mauer hinter sich gelassen hätte, wäre er uns vielleicht entwischt. In seinem Auto hätte er uns garantiert nicht abschütteln können, nachdem ihn Gabby gestellt hatte. Wahrscheinlich seine einzige Chance. Trotzdem nicht gut genug für die heldenhaften Hunde von Willamette und ihren Hausdruiden!‹

Hausdruide?

›Bitte kein Gejammer, du weißt, dass wir gut für dich sorgen.‹

Detective Ibarra quetschte das Gesicht des Täters mit einer Hand auf den Beton, weil er sie auf ziemlich unfreundliche Weise beschimpfte, und fischte mit der anderen seine Geldbörse aus der Hintertasche. Sie klappte sie auf und las den Namen im Führerschein. Dann schniefte sie, weil sie eine blutige Nase hatte.

»Brock Slater, Sie sind verhaftet wegen eines tätlichen Angriffs auf eine Polizeibeamtin. Mal sehen, was später noch dazukommt.«

Die Geschäftsführerin der Pizzeria näherte sich und stemmte die Hände in die Hüften. »Jetzt muss ich die Lieferungen heute Abend alle selbst machen. Du bist gefeuert, Brock, du Arschloch.«

Offen gestanden, reichte mir das nicht. Ich sah nicht ein, dass jemand, der mir, Starbuck und Atticus in die Weichteile trat und unserer Taco-Freundin Gabby eine blutige Nase verpasste, bloß gefeuert und in Handschellen gelegt wurde. Atticus konnte sich in diesem Fall nicht an seine Nazi-Regel halten, weil Gabby das nicht geduldet hätte. Für mich hingegen gab es einen gewissen Handlungsspielraum, wenn ich die Regel etwas abänderte. Also trottete ich auf Brock zu und hob direkt über seinem Kopf das Bein. Ich zielte genau. Gabby sprang gerade noch rechtzeitig zurück, damit sie nichts abbekam.

Oberon, was machst du denn da? Atticus klang seltsam entsetzt.

›Wenn du einen Nazi siehst, dann pinkle ihn an‹, antwortete ich. ›Ich habe deine Regel meinen Fähigkeiten angepasst.‹

Fauchend und spuckend forderte Brock Slater Detective Ibarra zum Einschreiten auf, weil sich aus meiner Blase ein halber Liter oder drei Gallonen auf ihn entluden, und das dauerte eben seine Zeit.

»Leider kann ich Ihnen nicht helfen, weil ich voll damit beschäftigt bin, Sie festzuhalten. Aber ich werde ihn natürlich für sein schlechtes Benehmen tadeln.« Sie grinste mir zu, ohne dass Slater es bemerkte. »Oberon, das macht ein braver Hund doch nicht.«

Ich wusste jetzt schon, dass sie mich nachher zu Tacos einladen würde.

9

Eichhörnchen, spurlos verschwunden

Lange Zeit dachte ich, dass chicken-fried Steak ein von besonders ausgebildeten Hühnern gebratenes Steak und damit eine der rarsten Delikatessen auf dem gesamten Planeten ist. Umso epischer war meine Enttäuschung, als ich erfuhr, dass Hühner an der Zubereitung überhaupt nicht beteiligt sind – nicht einmal als Zutat! Die Menschen brieten das Steak einfach so, wie sie sonst Huhn brieten, nämlich paniert mit geheimen Kräutern und Gewürzen. Ich war mir sicher, dass zumindest eins der geheimen Kräuter aus gemahlenen Hähnchenstücken bestehen musste, denn wozu hätten sie das Ganze sonst als *chicken-fried* bezeichnen sollen. Aber nein, erklärte mir Atticus, es war bloß wieder mal ein Beispiel für die albernen Auswüchse, zu denen die menschliche Sprache neigte, zumal Hähnchenstücke auch nicht als Kraut gezählt hätten. Als ich ihn nach der Flasche Geflügelgewürz in seiner Speisekammer fragte, erklärte er mir, dass das Gewürz *für* Geflügel war und nicht *aus* Geflügel. Es war ein trauriger Tag zerstörter Sprachillusionen für mich, das könnt ihr mir glauben. Auch Orlaith brach es fast das Herz, als sie ihre Belohnung für die erfolgreiche Verbrecherjagd erhielt, denn sie hatte angesichts des Namens chicken-fried Steak auf ein *in* einem Huhn gebratenes Steak gehofft. Die große Menge Bratensoße dazu machte allerdings vieles wieder wett, und ich tröstete sie mit einer anderen kulinarischen Bezeichnung, hinter der sich eine freudige Überraschung verbarg.

›Hast du gewusst, dass Menschen manchmal was mit dem Namen Surf and Turf essen?‹

›Klingt nicht besonders appetitanregend‹, erwiderte sie.

›Ich weiß! Aber das ist bloß ein Trick, denn in Wirklichkeit essen sie weder das eine noch das andere! Es ist ein Deckname für Steak und Hummer. Angeblich hat es was damit zu tun, dass Kühe auf der Wiese rumlaufen und Hummer in der Brandung schwimmen. Doch eigentlich geht es ihnen bloß um den Reim, und wenn er noch so bekloppt ist.‹

Wir fühlten uns ziemlich gut, und Atticus fand das okay, weil wir es uns verdient hatten. »Brock Slater hat mit allem gerechnet, bloß nicht mit Hunden. Ohne eure Spürnasen hätten wir ihn nie gefunden. Und ohne dieses Eichhörnchen auf dem Zug.«

›Was? Wir müssen uns das Lob mit einem Eichhörnchen teilen?‹, rief ich.

Orlaith protestierte ebenfalls. ›Das ist ungerecht, das Eichhörnchen hat überhaupt nicht mitgeholfen!‹ Ausnahmsweise passte auch Starbucks ›Nein Eichhörnchen!‹ genau in den Kontext.

Atticus lachte uns einfach aus. »Damit wollte ich bloß sagen, dass wir ohne dieses Eichhörnchen nie in das Treppenhaus gerannt und auf dieses Verbrechen gestoßen wären. Ansonsten hat das Eichhörnchen natürlich nichts Nützliches beigetragen. Die ganze Arbeit habt ihr gemacht, das steht fest.«

Also beruhigten wir uns wieder, und ich räumte ein, dass auch Detective Ibarra viel geleistet hatte, vor allem nach Slaters Verhaftung. Nachdem sie einen Durchsuchungsbefehl beantragt hatte, fanden die Beamten in seinem Haus einen 3D-Drucker, zwei Plastikarmbrüste und eine ganze Menge Bolzen. In seiner Küche stießen sie auf eine Tasche voller Bargeld und ein Dossier über Hudson Keane, außerdem entdeckten sie Kleider, die der Montur des Rollerfahrers auf den Aufnahmen entsprachen. Marke und Modell des benutzten Autos passten zu den Bildern aus der Überwachungskamera vor Keanes Apartmentkomplex, nur die Nummernschilder waren anders. Atticus sprach von Indizienbeweisen, die in eine klare Richtung deuteten. So klar, dass Brock Slater ein Geständnis ablegte und im Austausch gegen ein milderes Urteil bereit war, sein Wissen über seine Auftraggeber weiterzugeben. Er war kein professioneller Exsoldat, der lieber starb, bevor er den Mund aufmachte, sondern bloß ein »nihilistischer Saftarsch«, wie Atticus es ausdrückte, der sich für unangreifbar hielt, weil er jede Kamera vermied, und dem jedes Ehrgefühl und jede Loyalität fremd waren. Ich weiß nicht genau, worin sich Saftärsche von normalen Ärschen unterscheiden, und der Begriff *nihilistisch* sagt mir auch relativ wenig. Ich gebe zu, dass ich nicht nachfragte, weil Erklärungen bei Atticus manchmal zu Vorträgen ausufern können. Vielleicht ist ein Nihilist jemand, der glaubt, dass das Ende naht und dass man deshalb ruhig gegen Geld ein paar Menschen abmurksen kann. Und dass man hinterher auch seine Kumpane verpfeifen darf. Slater jedenfalls nannte die Namen der zwei Männer, die Ignacio Medina in Eugene ermordet und später Suluk Black verfolgt hatten. Wahrscheinlich ebenfalls Nihilisten.

Detective Ibarra erzählte, was Slater über die beiden ausgesagt hatte: »Sie sollten die Frau finden, die mich bei dem Mord an Keane beobachtet hat, aber seitdem habe ich nichts mehr von ihnen gehört.« Dabei würde es auch bleiben, und wir konnten der Polizei da schlecht helfen, ohne uns selbst in Schwierigkeiten zu bringen.

Gabby freute sich sehr über das Geständnis, weil sie sich jetzt keine Sorgen mehr darüber zu machen brauchte, wer das Murmeltier war, und auch nicht verraten musste, dass sie bei den Ermittlungen auf einen korrupten Kollegen gestoßen war. Zum Ausgleich hatte sie ihn aufgefordert, das ganze Geld für wohltätige Zwecke zu spenden und von nun an sauber zu bleiben.

Und da wir ihr wieder einmal bei der Klärung eines Mordfalls geholfen hatten, war Detective Ibarra mit uns insgesamt sehr zufrieden und der Meinung, dass Atticus doch ein feiner Kerl war, dem sie über den Weg trauen konnte. Sie versprach ihm, dass die nächste Runde Tacos auf sie ging, und da wusste ich, dass zwischen uns alles in Butter war. Die Aussicht auf zukünftige Tacos war so aufregend für mich, dass ich beinahe einige unerledigte Dinge verpasst hätte.

Slater kannte den Namen seines Auftraggebers nicht, teilte der Polizei aber alle Einzelheiten zur Kontaktaufnahme und Geldübergabe mit. Außerdem gab er auch viele andere Taten zu, die er begangen hatte, weil er als Pizzalieferant überall hinkam, ohne Verdacht zu erregen. Bei seinen Fahrten hatte er gelegentlich auch Drogen und Geld für zwielichtige Gestalten zugestellt. Mit diesen Verbrechen musste sich Detectiv Ibarra allein befassen, denn Atticus meinte, dass wir mit der Klärung der Morde schon genug geleistet hatten. Er und Suluk konnten jetzt Stable Solar gründen, und er war so begeistert von uns, dass er ankündigte, demnächst wieder mit uns nach Portland zu fahren, weil wir beim ersten Mal gar nicht dazu gekommen waren, uns wirklich gründlich durchzuschnuppern. Außerdem versprach er uns einen Besuch in einem Restaurant, das

Ochsenschwanz-Poutine auf der Speisekarte hatte, und da waren wir natürlich Feuer und Flamme. Bis auf die Tatsache, dass uns das Eichhörnchen vom Anfang entwischt war, hatte sich die Gerechtigkeit wieder einmal auf ganzer Linie durchgesetzt, und das musste mit Bratensoße begossen werden. Eines Tages würde dieses Eichhörnchen schon noch seine gerechte Strafe erhalten.

Epilog

Zwei Tage später kamen wir zum Bahnhof in Eugene, um zu unserer Schnupperexpedition nach Portland aufzubrechen. Und wieder saß ein Eichhörnchen auf dem Zug! Möglicherweise sogar dasselbe wie neulich! Wenn ja, dann war es definitiv ein Pendler!

›Also, Atticus, diesmal musst du zugeben, dass da was faul ist. So ein Verhalten ist doch nicht normal!‹

›Nein Eichhörnchen!‹, pflichtete mir Starbuck bei.

Schon gut, schon gut. Das ist wirklich ungewöhnlich. Wenn ihr rausfinden wollt, was dahintersteckt, dann helfe ich euch. Doch ihr müsst euch auch seltsam benehmen, damit es funktioniert.

›Wie meinst du das?‹

Wenn wir nach Portland kommen und das Eichhörnchen wurde nicht von der Physik vernichtet, dann folgen wir ihm. Und ihr dürft es dabei auf keinen Fall anbellen, sonst kriegt es spitz, dass es beschattet wird. Wir müssen raffiniert vorgehen. Schafft ihr das?

›Du willst, dass wir ein Eichhörnchen nicht anbellen?‹, hakte Orlaith nach. ›Das ist mehr als seltsam, das ist unnatürlich.‹

Ich teilte Orlaiths Meinung voll und ganz. ›Da würden wir unter Umständen eine rote Linie überschreiten, Atticus.‹

Das Eichhörnchen hat eine rote Linie überschritten, widersprach er. *Und wenn ihr der Sache auf den Grund gehen wollt, müsst ihr eben-*

falls eine überschreiten. Ich zapfe sein Hirn an und beobachte es, dann bleiben wir ihm auf der Spur, selbst wenn es um eine Ecke schlüpft. Okay?

Obwohl Orlaith und ich Zweifel an dem Plan hatten, ließen wir uns schließlich breitschlagen. Bellen fühlte sich gut – und richtig – an, doch bisher hatte es nichts gebracht. Vielleicht war es also Zeit für eine neue Strategie.

Jetzt seid ihr praktisch Tarnkappenhunde, meinte Atticus, und dadurch fiel uns der Verzicht aufs Bellen ein wenig leichter.

Ganz im Sinn unserer Mission stiegen wir wieder getarnt ein und hielten uns ganz still, sodass Atticus keine Probleme mit den Zugangestellten bekam. Und als wir in Portland auf den Bahnsteig hüpften und hinauf zum Dach des Zugs spähten, bemerkten wir sofort wieder dieses Eichhörnchen, das genüsslich grinsend dort oben hockte.

›Siehst du es, Atticus? Ich darf dich darauf hinweisen, dass ich nicht belle.‹

›Ich auch nicht, obwohl es mir schwerfällt‹, ergänzte Orlaith. Starbuck begnügte sich mit einem leisen Knurren. Wir erinnerten ihn an unsere Tarnkappenmission, und er verstummte.

Ich sehe es und verbinde mich jetzt mit ihm. Selbst wenn es davonrennt, kann es uns nicht mehr entwischen. Folgen wir ihm einfach in sicherer Distanz.

Der kleine aufgeplusterte Nager flitzte auf dem Zug davon und sprang zuerst aufs Plattformdach, bevor er sich wieder wie neulich an einem Pfosten hinunterhangelte. Danach schlug er eine andere Route ein und schlüpfte hinter einem Menschen, der ihn nicht bemerkte, durch die Bahnhofstür hinaus.

Hmm. Allmählich glaube ich wirklich, dass da was im Busch ist, meinte Atticus.

›Das glaubst du erst jetzt? Na ja, besser spät als nie, schätze ich.‹

Hier geht es nicht um zufällige Nahrungssuche. Das Eichhörnchen hat ein Ziel im Kopf. Es verfolgt eine bestimmte Absicht.

Orlaith übernahm die Antwort. ›Wir haben dir und Granuaile schon oft erklärt, dass Eichhörnchen grundsätzlich finstere Absichten verfolgen, aber ihr hört ja nicht auf uns.‹

Eine Absicht *und* finstere *Absichten sind noch lange nicht das Gleiche. Warten wir erst mal ab.*

›Kannst du nicht rausfinden, was es vorhat?‹

Dann würde es mich wahrnehmen. Es würde merken, dass in seinem Kopf was Seltsames passiert. Aus seinen oberflächlichen Gefühlen kann ich nur den Eifer erschließen, mit dem es auf sein Ziel zustrebt.

Wir hatten Mühe, Ruhe zu bewahren. Das Eichhörnchen arbeitete sich auf Bäumen und Dächern voran und mied nach Möglichkeit die Straße.

Moment. ›Atticus, ist dieses Eichhörnchen ein Kerl?‹

Ja.

›Und wie heißt er?‹

Eichhörnchennamen lassen sich nicht gut in Sprache übersetzen. Ich meine, so was wie einen Bob oder Jakob oder Zacharias findet man da nicht. Sie benutzen ein geschlechtsspezifisches Pronomen, gefolgt von einer Errungenschaft oder einem Ausrutscher. Manchmal wechselt das auch. Der hier heißt Er-Der-Auf-Lauter-Glänzender-Menschenröhre-Reisen-Kann. Auf Zügen also.

›Immerhin ein kleiner Trost, dass das noch nicht alle Eichhörnchen beherrschen.‹

Wir blieben ihm auf den Fersen und merkten allmählich, dass wir uns in einer vertrauten Umgebung befanden: Er führte uns zum Washington Park.

›Hey, sind wir wieder unterwegs zum Japanischen Garten?‹, fragte Orlaith.

Zumindest in die ungefähre Richtung. Der Washington Park ist ziemlich groß.

›Es ist eine Falle!‹, rief ich wie Admiral Ackbar in *Die Rückkehr der Jedi-Ritter.*

Bestimmt alles ganz harmlos, Oberon. Du erinnerst dich doch an das Arboretum. Dort gibt es Nüsse und Samen, die ein Eichhörnchen sonst nirgends in Oregon findet. Wahrscheinlich steht er auf Gourmetnüsse und nimmt dafür weite Reisen auf sich.

›Ich weiß nicht, Atticus. Hab noch nie von einer Nuss gehört, für die sich so ein Aufwand lohnen würde. Aber wie du schon gesagt hast, warten wir erst mal ab.‹

Wie sich herausstellte, war die Sache nicht so harmlos, wie Atticus vermutete. Sie war sogar alles andere als harmlos. Das Eichhörnchen führte uns weder in den Japanischen Garten noch ins Arboretum, sondern direkt in eine *Versammlung des Grauens*, anders kann ich es nicht nennen. Ich kann wunderbar bis zwanzig zählen, und es waren über zwanzig Bäume in einem Abschnitt des Parks, in denen *jeweils* über zwanzig Eichhörnchen saßen!

Er-Der-Auf-Lauter-Glänzender-Menschenröhre-Reisen-Kann huschte einen dieser Bäume hinauf, und Atticus erklärte, dass das sein Ziel war. Das hieß, wir durften jetzt bellen, so viel wir wollten. Dummerweise waren wir so verblüfft, dass wir nur das eine oder andere unscheinbare Wuffen hervorbrachten. Wir hatten noch nie so viele Eichhörnchen auf einmal gesehen und wussten uns keinen Rat. Sie schnatterten vor sich hin, ohne sich zu streiten. Offensichtlich arbeiteten sie irgendwie zusammen; es war eine Verschwörung direkt vor unserer Nase oder vielmehr über unserer Nase, weil sie sich alle an Äste außerhalb unserer Reichweite klammerten.

›Atticus, wie viel ist zwanzig mal zwanzig?‹

Vierhundert.

›Das ist mehr als eine Million, oder?‹

Nein, viel weniger.

›Egal! Die Zahl der Eichhörnchen hier ist eindeutig bedrohlich!‹

Ich fühle mich nicht in Gefahr.

Anscheinend sah sich Starbuck durch diese Bemerkung irgendwie ermutigt, denn er brach jetzt in wildes Bellen aus und sprang auf und ab, um den Eichhörnchen Angst einzujagen. Sie schnatterten bloß zurück und mokierten sich anscheinend über ihn. Jedenfalls bewegten sie sich nicht und wirkten auch nicht sonderlich besorgt.

›Aber du musst zugeben, dass das seltsam ist‹, bemerkte Orlaith.

Klar, so was hab ich noch nie erlebt. Ich finde es ziemlich cool.

Ich verschluckte mich fast. ›Cool? Du findest es cool?! Wie kannst du so was sagen, Atticus?‹

Ich mag neue Sachen. GAIA *findet immer wieder eine Möglichkeit, mich zu überraschen, und das hier ist einfach wunderbar.*

›Nein, nein, nein, komm mir bloß nicht so. Finde lieber raus, was die hier treiben, dann sehen wir schon, wie wunderbar es ist. Na los, frag den Burschen, der so gern Zug fährt.‹

Also gut. Dann herrschte Schweigen, und Atticus hatte so ein leises Grinsen im Gesicht, als wäre alles unglaublich amüsant und es gäbe keinen Grund zur Sorge. Ich behielt sein Gesicht genau im Auge, und als sich seine Miene auf einmal verdunkelte, fragte ich ihn, was er erfahren hatte. *Na ja, ziemlich beunruhigend irgendwie.*

›Raus damit! Ich kann die Wahrheit vertragen!‹

Sie sind hier, weil sie besprechen wollen, wie sie mit euch umgehen sollen. Also, nicht mit euch konkret, sondern mit Hunden allgemein. Sie finden euch lästig.

›Ha! Die haben Nerven, uns lästig zu nennen!‹, rief Orlaith empört.

›Genau!‹

Es kommt noch schlimmer. Sie meinen, dass man die Hunde am besten loswird, wenn man die Menschen loswird – aus irgendeinem Grund finden sie das leichter.

›Pah, träumt weiter, ihr Verschwörer! Wie wollen sie das schaffen, wenn nicht einmal Bären eine Chance haben?‹

Deswegen haben sie sich hier getroffen. Und Starbuck beweist gerade, dass sie gar nicht so falsch liegen. Starbuck?

Mein kleiner Boston-Kumpel bellte noch immer die Versammlung des Grauens an, und alle Eichhörnchen waren verstummt. Nur eines in dem Baum über Starbuck schnatterte noch und deutete mit seiner Winzpfote direkt auf Atticus. Wie auf Kommando wandten sich alle vierhundert Eichhörnchen um und starrten Atticus an. Ich wusste ganz genau, was sie dachten. Wer einen Menschen loswird, der wird alle seine Hunde los.

Schluss, Starbuck. Ich glaube, wir gehen lieber. Oberon, Orlaith, wir holen uns jetzt diese Poutine. Atticus wich langsam zurück, und gerade als ich protestieren wollte, kreischte das eine Eichhörnchen, und alle anderen flitzten an den Baumstämmen nach unten. Ziemlich unheimlich, wenn so viele Krallen über Baumrinde wetzen, so viele buschige Schwänze zucken und so viele tote Augen direkt auf einen zurasen.

›Mist! Es ist wirklich eine Falle! Streitkräfte dieser Stärke können wir nicht abwehren!‹

Ich schlage eine strategische Mittagspause vor. Schnell. Kommt schon, lauft!

Ich musste einmal mit Atticus durch die Straßen von Kairo fliehen, weil uns alle Katzen der Stadt in den Nil hetzen wollten. Ich erinnere mich noch an das Gefühl der Demütigung und an die Hoffnung, dass niemand das Ganze gefilmt und auf YouTube gestellt hatte. Das hier war schlimmer. Und auch anders. Als wir die Parkgrenze erreichten, brachen die Eichhörnchen die Verfolgung ab. Und es war auch deswegen anders, weil Atticus sich vor Lachen den Bauch hielt und kaum noch Luft bekam.

›Was soll das? Das war nicht lustig‹, protestierte ich.

Machst du Witze? So viel Spaß hatte ich schon seit Ewigkeiten nicht mehr! Wuuh! Was für ein Abenteuer! Vierhundert Eichhörnchen machen Jagd auf mich, und ich muss um mein Leben rennen! Weißt du, wie oft ich das in zweitausend Jahren gemacht habe? Genau dieses eine Mal. Eine echte Seltenheit. Diesen Tag werde ich mir merken.

›Atticus, wir haben gerade eine riesige Verschwörung aufgedeckt, und du lachst darüber!‹ Ich war zutiefst empört.

Schon gut, Oberon. Ich hab's begriffen. Eichhörnchen sind gefährlich.

›Wurde auch Zeit!‹, warf Orlaith ein.

›Das sagst du jetzt so, aber in Wirklichkeit grinst du noch immer.‹

Wahrscheinlich werde ich noch tagelang strahlen, und ihr müsst meine Freude einfach aushalten. Trotzdem weiß ich auch, dass wir wachsam sein müssen – und das werden wir! Im Moment haben wir nichts von den Eichhörnchen zu befürchten, weil sie bloß reden. Wir können in Ruhe mittagessen gehen und den Rest des Tages genießen. Wer hat Hunger?

Ich traute dem Ausdruck auf Atticus' Gesicht nicht so

recht. Er versuchte, das Gespräch aufs Essen zu bringen, und ich wusste aus Erfahrung, dass er mit solchen Themenwechseln etwas überspielen wollte. Wahrscheinlich hatte er uns nicht alles verraten, was er in dem kleinen Erbsengehirn von Er-Der-Auf-Lauter-Glänzender-Menschenröhre-Reisen-Kann entdeckt hatte.

Orlaith und Starbuck hingegen kannten diese Manöver noch nicht.

›Ja Essen!‹, rief der Terrier.

›Ich bin dabei‹, ließ sich jetzt auch Orlaith vernehmen. ›Wenn wir die gesamte Menschheit vor der kommenden Eichhörnchengefahr beschützen sollen, brauchen wir vorher eine Stärkung mit Bratensoße.‹

Nun, da wollte ich ihr nicht widersprechen. Schließlich ist sie eine superkluge Hündin, und ich bin superglücklich, dass ich sie gefunden habe.